Schwesterherz
ich hab dich Lieb

Der Suizid meines Bruders und die Trauer danach

Schwesterherz ich hab dich Lieb

Der Suizid meines Bruders und die Trauer danach

Von

Frederike Fischer

Bibliografische Information der Deutschen Nationalbibliothek: Die Deutsche Nationalbibliothek verzeichnet diese Publikation in der Deutschen Nationalbibliografie; detaillierte bibliografische Daten sind im Internet über http://dnb.dnb.de abrufbar.

© 2021 Frederike Fischer Erste Auflage

Herausgeber: Frederike Fischer
Autor: Frederike Fischer
Umschlaggestaltung, Illustration: Frederike Fischer
Herstellung und Verlag: BoD – Books on Demand, Norderstedt
ISBN: 978-3-7562-0426-7
Neuauflage 2022

Kapitelübersicht

Inhaltsverzeichnis

Dieses Buch gehört meinem kleinen Bruder und allen anderen Kindern und Jugendlichen, denen das Leben eine unbezwingbare Aufgabe schien.

Dieses Buch gehört den zurückgebliebenen Geschwistern, die mit der Trauer und dem Verlust ein Leben lang leben müssen.

Dieses Buch widme ich der Gesellschaft, damit wir als Gemeinschaft der Krankheit Depression und Suizidalität nicht mehr mit Verachtung und Hohn entgegentreten.

Vorwort

Mit dem ersten Wort, welches ich schrieb, war mir bewusst, dass es Menschen geben wird, die mir diese Geschichte, meine Erinnerungen, meine Liebe versuchen werden zu zerstören. Sie werden darüber herziehen, darüber schweigen und eventuell macht sich der ein oder ander lustig. Keiner wird akzeptieren wollen, dass ich meinem kleinen Bruder ein Buch widme, dass ich ihm mein erstes Buch widme.

Es wird nur wenig Verständnis dafür geben, dass ich meine Trauer mit der Welt teilen möchte.

Wisst ihr was?!

Es ist mir egal. Ich brauch nicht die Meinung einer Gesellschaft, die Themen, die unangenehm sind, aus ihrem Wortschatz streicht. Ich brauche weder Verachtung noch Zuspruch. Ich möchte mir einen Ort für meine Trauer, meinen Schmerz und meine Gefühle geben. Dadurch kann ich anderen Familien, Freunden und Menschen, die eine geliebte Person durch Suizid verloren haben, Verständnis geben, Hoffnung geben.

Vor allem möchte ich die Geschwister erreichen.

Da ich in meiner Trauer oft auf Hindernisse gestoßen bin und mich im Stich gelassen, vergessen gefühlt habe, kann ich dir als Bruder oder Schwester zu einem kleinen Teil Trost geben und das Gefühl von Zugehörigkeit. Vielleicht helfen meine Worte, damit sich jemand nicht mehr wie ein lästiges Anhängsel, welches zu irgendwelchen Eltern dazu gehörte, fühlt. Ein Vielleicht, bedeutet immer eine Chance.

Ich schreibe ein Buch, weil es mir hilft. Es soll keine Wiedergutmachung sein. Nein, es ist auch nicht die Antwort auf das „Warum?".

Dieses Buch soll von einem Leben erzählen. Einem so kurzen Leben, dass es von vielen belächelt werden wird.

Ich werde seine Geschichte erzählen, ich werde meine Geschichte erzählen. Ich erzähle euch von meinen Eltern, meinem großen Bruder, meiner gesamten Familie. Ich zeige euch Freundschaft, Verrat, Trauer, Liebe und das Leben selbst.

Ein unglaublich toller Mensch ist im Alter von achtzehn Jahren gestorben. Nein, er hatte keinen Unfall. Nein, er war nicht todkrank. Er war zumindest nicht in der Art und Weise erkrankt, wie todkrank von der Gesellschaft definiert wird.

Letztendlich birgt Suizidalität jedoch eine tödliche Konsequenz.

Ich werde es nicht verleugnen; mein kleiner Bruder hat im Alter von 18 Jahren sein Leben beendet, weil er ein todunglücklicher, einsamer Mensch gewesen ist.

Einsam in einer Gemeinschaft von Menschen, die von sich mit herausgestreckter Brust behaupten Menschlichkeit zu leben. Wir sollten nie vergessen, dass wir unsere Menschlichkeit beim Heranwachsen vom Kind zur erwachsenen Person aberzogen bekommen und in verbitterter Art und Weise dennoch uns mit Prinzipien schmücken wollen, die wir bereits in unseren Kinderschuhen zurückließen. Die Wenigsten von uns haben dies verstanden.

Im dunklen und kalten November 2014 verloren

wir einen Sohn, einen Bruder, einen Enkel, Neffen, Freund. Geblieben sind uns die Erinnerungen, die Liebe, die Trauer, ein Loch.

Ich möchte meine Erinnerungen teilen, ich möchte der so grauenvollen Welt zeigen, welch großartigen Menschen sie davongejagt hat. Ich möchte meinen Teil dazu beitragen, der Gesellschaft die Augen zu öffnen.

Die Krankheit Depression soll nicht mehr belächelt werden. Suizidalität soll nicht mehr nur eine melodramatische Handlunsgwendung in Filmen, Büchern oder Serien darstellen. Trauern sollte ohne Verurteilung im persönlichen Tempo ermöglicht werden.

Ich verlange, dass wir als Gesellschaft endlich diese Tabuthemen abschaffen. Erst dann wird es für verlorene Seelen möglich sein, den Mut aufzubringen, über ihre Not zu sprechen.

In diesem Buch werde ich weinen, lachen und leiden. Ich werde mich erinnern. Ich werde lieben. Ich werde mit diesen Worten beginnen zu verarbeiten.

Für die Augenblicke, in denen ich mit meinen Mitmenschen nicht reden möchte, nicht reden kann, habe ich ein Ort, den Worten in meinem Kopf, eine Form zu geben. Anschließend kann ich diese Worte nehmen und euch zeigen, denn auch wenn ich mal schweige, lache und es mir gut geht, ist der Schmerz nicht vorbei.

Mein kleiner Bruder ist gewiss nicht das einzige Kind, dass von uns ging, weil die Aufgabe Leben zu unerreichbar schien.

Es wird der Tag kommen, an dem wir alle gemeinsam die letzte Seite aufschlagen und dann haben wir begriffen. Egal wie wir es drehen oder wenden, es geht einzig und allein darum unserer Seele begreifbar zu machen, was so unwirklich erscheint:

Die Tatsache, dass ein Kind sich das Leben nimmt!

Das Leben teilt sich in das Davor und das Danach

An dieser Stelle weiß ich noch nicht, ob ich euch sagen kann, was ich tatsächlich sagen möchte. Direkt nach dem Tod meines kleinen Bruders habe ich bereits einmal begonnen, dieses Buch zu schreiben, aber es funktionierte nicht.

Meine Gefühle manipulierten in jeder Zeile, was ich sagen wollte. Ich war selbst noch zu sehr gefangen und beeinflussbar von ihnen, den Gefühlen.

Um vernünftig eine aufwühlende Situation reflektieren zu können braucht es Zeit.

Nach dem Suizid eines Geschwisterteils braucht es mehr als einfach nur Zeit. Was es braucht und was ihr selbst als betroffene Person, als zurückgebliebener Mensch machen könnt, um euch selbst zu helfen, möchte ich euch an meinem eigenen Beispiel zeigen.

Gewiss ist es nicht das Nonplusultra und die Lösung für jeden Einzelnen, aber es ist eventuell ein Anfang, eine Hoffnung, etwas Zuversicht oder auch nur etwas Verständnis, was ich euch geben kann.

Damals fühlte ich extremer, intensiver, explosiver und heute blicke ich anders auf die gesamte Situation; immer noch traurig, aber nicht mehr hilflos.

Nehme ich mir in unserer heutigen schnellen Welt die Zeit Inne zu halten und zurückzuschauen, so fühlt es sich an wie gestern. Jeder Schmerz, jede geweinte Träne, jedes empfundene Gefühl ist wieder präsent.

Es gibt lediglich diesen einen kleinen Unterschied zu damals; heute sind es Erinnerungen. Erinnerung dessen Wert man irgendwann bestimmen und dessen Macht man irgendwann steuern kann. Nach einer gewissen Zeit, die vergehen muss, wird man weniger angreifbarer von den eigenen Gefühlen und Emotionen. Man erlangt ein Stück weit die Freiheit des eigenen Geistes und der eigenen Gedankenwelt zurück.

Die Dinge, die wir mit uns herumtragen sind vergangen und es dauert lange sich dem bewusst zu werden.

Die ersten Tage nach dem Tod, ist es schier unmöglich. Für den Fall, dass jemand von euch seinen Bruder oder seine Schwester gerade erst verloren hat, es wird noch lange dauern. So leid es mir tut und so sehr ich euren Schmerz und eure Hilflosigkeit verstehen kann, aber morgen wird es sich genauso anfühlen wie heute. Positivity gehört an einen anderen Punkt der Trauerarbeit, aber nicht an den Anfang.

Ich möchte hier nichts schönreden oder euch Mut zusprechen. Dies wären falsche Versprechungen, die nicht einzuhalten sind. Somit würde ich euch die Lüge auftischen, die ich selbst zu der Zeit so sehr verachtet habe.

Falsche Versprechungen und Vorstellungen manipulieren euch, euer Umfeld und die Emotionen, die für die Heilung, für das Aushalten vom Schmerz und vom Verlust so enorm von Bedeutung sind.

Eure Gefühle, die gemeinsamen Erinnerungen, die Geschichte, die ihr zu erzählen habt, sind das

Einzige, was euch Schutz bieten kann.

Aus eigener Kraft soll euer Mut wachsen, euch der tragischen Situation zu stellen einen Bruder oder Schwester durch Suizid verloren zu haben.

Nicht etwa, weil eine Frau in einem Buch euch dieselben Trostbekundungen an den Kopf wirft, wie der Rest der Gesellschaft. Die Heilung der Seele, nachdem Wegbrechen eines Seelenanteils bedarf weder Beschönigung noch balsamierende Ausreden. Wir brauchen Ehrlichkeit, Offenheit und schamlose Direktheit, damit wir nicht davonrennen und uns verlaufen im Irrgarten, der Gedanken, des Schmerzes, des Verlustes.

Aus diesem Grund sind auch meine tiefgreifenden Gefühle etwas, welches wir an anderer Stelle aufgreifen werden. Auch die Geschichte von meinem kleinen Bruder, findet auf weiterentfernten Seiten ihren Platz. Dadurch formt und bildet sich ein Instrument, um euer inneres Chaos zu verstehen, zu begreifen, zu sortieren und zu ordnen.

Irgendwann in eurem Leben werdet ihr an dem Punkt ankommen, an dem ich jetzt aktuell stehe. Der Moment, wo euch klar wird, dass ihr drüber reden könnt, ohne direkt daran zu zerbrechen.

Dies ist für jeden ein anderer Moment. Die einen schaffen es nach einem Jahr, andere brauchen nur ein paar Monate und du brauchst vielleicht ein ganzes Leben.

Ich habe fünf Jahre und sehr viel Selbsttherapie und Wissensanhäufung gebraucht, um zu begreifen, dass am Ende nur das Reden wirklich hilft. Ob als gesprochenes oder geschriebenes Wort ist an der Stelle irrelevant. Wichtig ist, dass du dich mitteilst, kommuniziere. Rede mit Freunden, Familie oder einem Tagebuch, aber vertrau dich jemandem an, denn sonst holt dich ein, was du verdrängst.

Ab dem Tag, an dem jemand in deinem Umfeld Suizid begeht, teilt sich die Vergangenheit, teilt sich das Leben in zwei Hälften. Es gibt das Leben davor und das Leben danach. Es spielt keine Rolle, wie nah jemanden der Person stand, die verstorben ist. Jeder redet in den zwei Zeitachsen mit dir. Als würden sie unterbewusst wissen, dass für dich dein Leben, dein Zeitstrahl in genau diese zwei Hälften geteilt wurde.

Der Suizid beziehungsweise der Tag des Suizides

wird ein fest verankerter Orientierungspunkt auf dem Zeitstrahl. Immerhin ist es ein Ereignis, dass im Bekanntenkreis jeder, tatsächlich wirklich auch der Letzte, bis ans Ende seines Lebens bei sich behalten wird. Es wird nicht vergessen werden, denn es ist ein Suizid. Egal in welcher Beziehung sie zu dem Verstorbenen stehen, jeder weiß darüber Bescheid.

Ich selbst ertappe mich immer wieder dabei, wenn ich von einem Schwenk meiner Jugend, meines jungen Erwachsenenalters erzähle. Es fallen unbewusste Phrasen wie: „Ach das war übrigens vor dem Suizid meines kleinen Bruders.", „Etwas was kurz danach passiert ist", „Das war so ca. drei Jahre bevor mein kleiner Bruder Selbstmord beging". Die Liste ist lang und wo ich mir Dem bewusst wurde, hat es mich erschrocken. Nach fünf Jahren hätte ich nicht erwartet, dass ich noch immer eine solche Zeiteinteilung wählen würde. Irgendwo habe ich auf mehr Normalität gehofft.

Erst gestern habe ich mich bei der Aussage ertappt: „Bald gehe ich ins sechste Jahr." Die eigentliche Situation spreche ich gar nicht mehr an, denn jeder weiß sofort, wovon ich rede. Ich brauch mich nicht erklären. Es ist selbstverständlich ein Teil meines Lebens, ein Teil von mir.

Mir war nur nie bewusst, wie stark ich mit der Situation und dem Verlust verwachsen sein würde, selbst nach so vielen Jahren.

Ich weiß, dass ich auch in Zukunft meinen Jahreszyklus anders wähle als unsere Gesellschaft. Meine Tage, mein Jahr zähle ich anders. So zähle ich mein Jahr nicht mehr vom ersten Januar bis zum 31 Dezember, sondern vom Todestag bis zum Tag davor. Für mich ist es inzwischen in Ordnung, da ich nicht mehr zwei Wochen vor dem Ereignis in totale Panik und einen absoluten Ausnahmezustand verfalle.

Auf Außenstehende mag es bizarr wirken, aber wenn ich eines gelernt habe in meiner Trauer:

Es ist uninteressant, wie jemand, der nicht du bist, deine Art, wie du trauerst, bewertet.

Für mich steht demnach Weihnachten als erstes großes Familienereignis in meinem Jahreszyklus an, wenn ich kleinere Ereignisse an dieser Stelle als etwas unwichtiger einordne. Das Uhrwerk meines

Lebens hat sich einen eigenen neuen Rhythmus gesucht und mit diesem Takt komme ich gut zurecht und gut voran.

Jeder von euch, der ihr gerade noch verzweifelt nach Halt sucht und auf dem Weg seid zurück in ein laufendes, funktionierendes Leben, sucht euch euer Tempo, euren Takt, euren Rhythmus, um klarzukommen in der Welt, im Leben, mit euch und dem Tod, der Person, denn der Takt ist ein anderer, wenn jemand plötzlich nicht mehr mitspielt.

Es gibt mir Garantie, der neue Rhythmus, der neue Jahreszyklus, dafür, dass es so funktioniert, also das Leben. Dass ich heute hier stehen, lachen kann und mir dabei bin eine glückliche Zukunft aufzubauen, sehe ich nicht als selbstverständlich an.

Dazu gehört sehr viel Mut, eigentlich sogar nur Mut. Eigens gegebener Mut und nicht etwa durch äußere Faktoren provozierter Mut.

Ich wähle bewusst nicht das Wort Stärke oder Ausdauer, denn wenn du jemand bist, der gerade den Tod einer geliebten Person durch Suizid erlebt hat, dann bist du nicht stark.

Deine Kraft reicht aus, damit du vielleicht aus dem Bett aufstehst, wenn überhaupt, aber vielleicht reicht es auch nur, dass du aufstehst, wenn du den Drang nach Toilette verspürst. Jemand der erst vorkurzem eine nahe stehende Person oder ein Geschwisterteil verloren hat, sieht auch kein Ende des Leides, Schmerzes, der Trauer. Da ist kein Wille, genug Ausdauer und Durchhaltevermögen aufzubringen und aus diesem Grund spreche ich von Mut.

Ich sage euch das nicht aus Boshaftigkeit oder weil ich nicht an euch glauben würde. Ich bin sogar davon überzeugt, dass Jeder von euch die Chance hat aufzustehen, den Staub abzuklopfen, seine Wunden zu lecken und wenn er bereit ist, weiterzuleben. Doch, dass verlangt Mut.

Mut sich der Gesellschaft zu stellen. Mut sich den Fragen zu stellen. Mut sich den Blicken zu stellen. Mut sich der Trauer zu stellen. Mut die Erinnerungen zu erlauben und verblassen zu lassen.

Mut etwas zu empfinden, was wehtut. Mut sich seinen eigenen Schuldgefühlen zu stellen. Mut dem Leben ein ehrliches „Ja" entgegenzustellen. Vor allem den Mut sein Leben ab sofort in dem Davor und dem Danach zu leben.

Lange habe ich nach dem Teil von mir gesucht, der verloren ging, als mich die Nachricht erreicht hatte, dass mein kleiner Bruder sich das Leben genommen hat. Immer wieder musste ich mir anhören, wie sehr ich mich doch verändert hätte. Immer wieder durfte ich mir sagen lassen, welch anderer Mensch ich doch sei.

Nun ja, in meiner Welt, war ich immer noch ich, es fehlte nur etwas. Es fehlte etwas ganz Wichtiges, nämlich ein ganz großer Teil meiner Liebe und meiner Selbst und einen noch größeren Teil verbarg ich seit jenem Tag, weil es unmöglich war, diesen zu zeigen, ohne zu zerbrechen.

Somit hörte ich erneut wieder kränkende Worte und Vorwürfe. Ich würde nicht Trauern, ich würde nicht um ihn weinen, mir wären meine Eltern egal und ich müsste mich mehr um diese kümmern.

Das ist der Anfang, an den ich mich erinnere. Ich war nicht gut genug, Trauern zu dürfen, weil ich nur eine Schwester bin. Meine Rolle in dieser Geschichte wurde von unserem Umfeld so definiert, dass ich mich um meine Eltern zu kümmern hatte. Sei eine gute Tochter. Sei für sie da. Sie brauchen dich jetzt.

An dieser Stelle möchte ich es noch gar nicht fragen, aber irgendwie gehört es hier her:

Wo waren meine Eltern für ihr Kind, als mein kleiner Bruder entschied, dass Sterben, die einzige Wahl ist, die ihm blieb?

Um allen gerecht zu werden, lebte ich die ersten Wochen in dem Danach in vollkommener Aufopferung gegenüber meinen Eltern. Bis zu dem Tag, als ich gefragt wurde: „Vermisst du deinen kleinen Bruder denn gar nicht?"

Keiner der Umstehenden verstand, dass ihr Verhalten mich immer weiter entfernte. Am Ende sind es heute über 400 Kilometer, die mich trennen von dem Ort, den ich einst zu Hause nannte.

Ab dem Tag des Todes hört man immer nur Worte, die man nicht hören möchte. Es sind geheuchelte Trostbekundungen, falsche Anschuldigungen und man merkt, dass man nicht mehr hineinpasst in diese Gruppe von Menschen, die sich anmaßt zu behaupten, dich zu verstehen.

Du gehst nicht mehr in die Stadt shoppen oder trinkst einen Kaffee mit deinen Freunden, denn in genau dieser Stadt, in diesem Kaffee hast du mit deinem Bruder oder deiner Schwester einen Kaffee getrunken. Du hast in genau jenem Geschäft eine Hose gekauft und in genau dem Kino darüber gestritten, welchen Film ihr schaut.

Diese Erfahrung war Davor. Etwas, dass nicht wiederkommt. Ein Teil, der nie wieder Teil deines Lebens sein kann. Erfahrungen und Erlebnisse, die man nie wieder wird, erleben können. Der elementare Aspekt fehlt, um so eine Erinnerung wieder zu erschaffen. Genau dieses Gefühl wieder hervorzubringen ist und bleibt unmöglich, denn es ist dieser eine Mensch, der fehlt. Die Person, die mit einem jene besonderen Emotionen, Erinnerungen und Erlebnisse teilt. Dieser Mensch ist verstorben und wird dich auf deinem Weg in deinem Leben nicht mehr begleiten.

Der Mensch der diese Situationen, so klein und unscheinbar sie auch waren, lebendig gemacht hat und in deiner Erinnerung lebendig werden lässt, ist tot.

Immer wieder kommst du in deiner Trauer auch an diesen Punkt, genau das festzustellen. Weil du es für kurze Zeit, für nur wenige Sekunden vergessen hast, dass dein Bruder oder deine Schwester verstorben ist. Du lebst dein Leben weiter an einem Ort, den ihr gemeinsam erkundet und wo ihr gemeinsam aufgewachsen seid.

Danach gehst du in dieselbe Stadt und wirst von fernen Bekannten gemustert. Hoffentlich mustern dich die Vorbeigehenden mit mitleidigem Blick und nicht verachtendem Blick.

In dieser Stadt wirst du angesprochen und gefragt, wie es deinen Eltern geht und in dieser Stadt wird hinter deinem Rücken getuschelt, wenn du auf dem Weihnachtsmarkt einen Glühwein trinkst. In dieser Stadt werfen die Leute Wattebäuschen nach dir, weil sie nicht wissen, wie sie mit dir umgehen sollen und am Ende hast DU dich im Danach verändert.

Heute lebe ich gerne das Danach, auch wenn es mich viel Leid gekostet hat. Viel Hass, viel Wut habe ich geschluckt. Ich habe mir Dinge an den Kopf werfen lassen, die ich an andere Stelle aufgreifen werde, weil ich davon überzeugt bin, sie endlich aussprechen zu müssen.

Durch den Tod meines kleinen Bruders bin ich mutig geworden. Dinge dir mir wehtaten, habe ich aus meinem Leben verband. Menschen, die mich ausnutzten oder verletzten, habe ich aussortiert. Ich war nicht in der Lage in dieser Zeit mich zusätzlich damit auseinander zu setzen, was solche Leute von mir erwarteten.

Ich lebte die ersten Jahre danach in dieser Blase und wusste nichts mit mir anzufangen.

Es existierte mein „Ich" mit meiner Trauer in meiner Blase und es gab dort diese Welt außen um mich herum, die weiterlebte, ohne zu fragen, ob ich mithalten könnte.

Erst nach etwa drei Jahren brach diese Blase auf. Ich begriff, dass sich etwas in meinem Leben ändern musste, wenn ich leben wollte und nicht nur exzitieren. Vegetieren als ein Etwas, welches mit den Gedanken nur an dem Vergangenen hängt.

Das Danach brachte mir eine Lebenswichtige Entscheidung, nämlich wegzuziehen und neu anzufangen. Darum rede ich von Mut.

Ein Neuanfang bedeutet sich den Mut zu suchen etwas zu verändern. Mut in sich selbst zu finden, um Vergangenes vergangen sein zu lassen. Mut, der einen sein Leben wieder selbstbestimmt leben lässt. Mut Lebewohl zu sagen, zu einem großen Teil der eigenen Person.

Heute glaubst du vielleicht noch nicht daran, dass du dich selbst verändert hast oder verändern musst, aber eines Tages wirst du verstehen, warum.

Zum Mut finden, erlangen, umsetzen gehören viele Schritte. Mein Letzter war mein Umzug über 400 Kilometer weit weg zu ziehen. Der erste jedoch, war der vergleichsweise schwerste Schritt.

Der erste Schritt, den man zu machen hat oder machen kann, ist sich zu vergewissern und Abschied zunehmen.

Ich möchte an der Stelle erwähnen, dass nicht jeder fähig ist, diesen Schritt zu gehen und somit ist es auch nicht bei jedem dieses der erste Schritt, der wichtig ist, um mit Trauer auch überhaupt anfangen zu können. Dadurch hast du als Trauernde Person nichts verloren oder verpasst. Hier zeigt sich einfach lediglich, dass wir alles einzigartige Wesen mit unterschiedlichen Bedürfnissen sind.

Ich brauchte diesen Schritt, von dem ich euch noch genauer erzählen werde, was nicht bedeutet, dass dieser für jeden von euch der richtige Schritt zum Anfangen sein muss.

Hierbei handelt es sich nur um eine Wahlmöglichkeit, denn ihr habt immer, auch als Bruder oder Schwester die Möglichkeit zu wählen, was ihr auf eurem Weg des Abschiedes braucht oder was euch bei eurer Trauer hilft.

Das war offiziell der Anfang vom Danach. Mit der Erinnerung an diesen Tag erkenne ich immer wieder, was ich mit ihm verloren habe. Ich bedaure, wie viel ich doch von dem Menschen, der ich davor gewesen bin, aufgeben musste. Ich sehe welchen Preis ich gezahlt habe, um heute den Mut zu haben, mir zu erlauben, leben zu dürfen ohne Zweifel und Schuldgefühle. Trotzdem war die Entscheidung richtig.

An dem Tag habe ich nicht nur meinem kleinen Bruder Lebewohl gesagt. Mein Abschied galt auch dem Mädchen, welches mit ihm aufwuchs.

Es war ein Lebewohl, für ein ganzes Leben, dass ich mit ihm erlebte. Der Abschied, der notwendig wird, wenn man weiterleben möchte. Das Loslassen, welches es Bedarf, wenn man sein Leben nicht am selben Punkt anhalten und aufgeben möchte, wie die verstorbene Person.

Nur so kann ich heute als Frau leben und ihn in

meiner Erinnerung als Jungen sehen. Nur so ist es für mein Herz in Ordnung, dass er nicht älter wird und immer 18 bleibt, während ich Tag für Tag altere.

Den Wachsenden Abstand zwischen der Erinnerung an ihn und meinem sich wandelnden und von ihm entfernenden Ich ertrage ich nur, weil ich mir erlaubte, eine Persönlichkeit ohne ihn zu entwickeln. Die Person zu werden, die lebt, ohne dass mein Bruder in dieser Welt mit mir leben muss.

Damals dachte ich nicht, dass ich jemals so einen weiten Weg gehen könnte, wie ich ihn bis heute gegangen bin.

Ich möchte auch das Danach, mit diesem Schritt und den Jahren, die ich hier bereits gelebt habe, abschließen. Mit Abschluss meines Buches möchte ich das Danach beenden und voll und ganz sagen können, dass es nicht mehr nur das Leben nach meinem kleinen Bruder ist, sondern dass es am Ende jetzt mein Leben ist.

Das Leben, das zu dem Menschen passt, zu dem ich inzwischen geworden bin. Ich denke, wenn ich dranbleibe und dieses Projekt wirklich beende, habe ich einen guten Abschluss für mein Danach.

Mir wird eine wunderbare Möglichkeit gegeben mich sowohl positiv an das Davor, als auch an das Danach und das Jetzt zu erinnern. Immer mit einem Blick auf die Entwicklung, die ich machen konnte, weil ich mutig war. Mutig gegenüber mir selbst und meinen Gefühlen, entgegen vielen Worten anderer.

Also seid mutig, auch wenn es in diesem Augenblick schwer sein mag. Seid mutig für euer Leben nach dem Danach. Ihr habt ein Danach nach dem Danach, welches auch immer, verdient.

Mit jeder Faser solltet ihr eurer Leben nach dem Danach erleben und leben.

Der Perfektionismus ist das Verdrängen

Der menschliche Geist ist mit vielerlei Dingen ausgestattet. Unter anderem zählt hierzu auch die Fähigkeit Momente, Situationen, schwierige Gegebenheiten, Erinnerungen und so vieles mehr zu Verdrängen. Bis zu einem bestimmten Punkt ist das Anwenden dieses Schutzmechanismus hilfreich, erforderlich, schlichtweg notwendig und auch erlaubt und keineswegs beunruhigend. Es wird nur dann kritisch, wenn dieser Schutz zu gut funktioniert.

Bei einem gesunden Schutzverhalten ist es gut, etwas von dem Erlebten zu Verdrängen und das erlebte nur stückweise zu zulassen und erneut zu durchleben. So tasten wir uns schrittweise an unsere Gefühle und vor allem an unseren Schmerz, das Leid und eben diese Unbegreiflichkeit heran.

Der menschliche Verstand würde ansonsten des

Öfteren einen Kurzschluss erleiden und das Gehirn würde durchbrennen.

Wir hätten somit in unserer Gesellschaft fast ausschließlich psychisch labile und kranke Menschen, die unfähig wären in Belastungssituationen überhaupt noch zu agieren.

An dieser Stelle soll sich keiner angegriffen fühlen, der psychisch labil oder eben psychisch krank ist, denn ich zähle mich zu dieser Personengruppe dazu.

Meine Vergangenheit ist nicht weniger von Depressionen, suizidalem und selbstverletzendem Verhalten geprägt, als die meines kleinen Bruders oder vielleicht deinem, dem der du gerade diese Worte liest. Ich habe im Unterschied zu meinem kleinen Bruder das Verdrängen, Ignorieren, Abstoßen und Einmauern lediglich mehr perfektioniert. Der Weg aus meiner Seelenkrise war ein anderer. Ich habe überlebt.

Hinzu kommt eine gewisse soziale Inkompetenz in einigen Lebenssituationen, aber das ist eine Geschichte, die auf einem anderen Blatt geschrieben steht. Ein Teil von mir, der in diesem Buch kein Platz der Geltung benötigt.

Die, die wir alle also gemeinsam irgendwo gestört sind in unserer psychischen Existenz; macht euch daraus keinen Vorwurf, sondern nehmt euch an, wie ihr seid, damit ihr die Problematik erkennen könnt, die euch davon abhält, gesund und positiv zu leben.

Ein gesundes und positives Leben pflegte ich in den ersten Wochen, ja sogar gar Monaten nach dem Suizid meines kleinen Bruders nicht. Egal auf welcher Ebene: physisch, psychisch, kognitiv oder sozial. Falls du selbst gerade an diesem Punkt bist, lass dir sagen, es wird noch einige Zeit dauern, bis es anders wird.

Bewusst möchte ich das Wort „besser" nicht verwenden. Denn auch, wenn euch dies jetzt traurig stimmt und vielleicht sogar entmutigt, es wird nicht einfach „besser". Das Leben wird, wie ihr es kanntet und so wie es war, nicht, wirklich nie zurückkommen.

Eure Hoffnung auf ein „Das wird schon wieder" möchte ich bewusst erschlagen. Falsche Hoffnung ist nämlich das, was die Verdrängung, also diesen Mechanismus der Illusionsschaffung füttert und nur noch mehr heranwachsen lässt.

Falls du mein lieber Leser oder Leserin, also jemand bist, der trostspenden und helfen möchte, erspare dir bitte die Worte:

„Das wird schon wieder.", "Bald wird es besser" und so weiter.

Damit wird nämlich ein Samen der Hoffnung gesät, an einer Position, wo er nichts zu suchen hat.

Es wird schon wieder, wenn man sich den Arm bricht. Das kann heilen und erlangt auch wieder vollständige Funktion. Der Tod eines Bruders oder einer Schwester wird nicht wieder. Natürlich auch der Tod eines jeden anderen nicht, aber ich möchte mich hier vor allem Brüdern und Schwestern mitteilen, die gerade das gleiche durchmachen oder durchgemacht haben.

Schließlich sind wir die Vergessenen neben Eltern, die ein Kind verloren haben. Doch gemeinsam können wir aneinander denken, helfen und zeigen, dass wir uns gegenseitig nicht vergessen haben und werden.

Also, es wird Anders. Es wird anders, weil auf sämtlichen Ebenen etwas fehlt, was auch nicht ersetzt werden kann. Es fehlt dieser eine Mensch und er existiert nur in unseren Erinnerungen. Das ist nichts Schlechtes. Es ist sogar etwas sehr Gutes, die Möglichkeit sich zu erinnern. Aber genau diese Möglichkeit bietet uns viele Fallen.

In der Anfangszeit sind Erinnerungen noch sehr klar und deutlich. Wir erkennen jeden Ort wieder, jedes Kleidungsstück, jede Situation, die wir mit dem Verstorbenen erlebt haben. Wir erinnern uns an so viele Ereignisse aus der Vergangenheit, an die Stimme, das Lachen, das Aussehen, den Geruch und an dieses Gefühl, welches derjenige in uns ausgelöst hat mit seiner Anwesenheit, was wir erst jetzt erkennen und bemerken, wo es fehlt.

Viele Dinge, die uns in dem Davor selbstverständlich waren, bekommen inzwischen an Bedeutung. Jeder Strohhalm, der diese Erinnerungen und dieses Gefühl auslösen kann, sodass die Leere und Kälte sich füllen und erwärmen kann, ergreifen wir, um uns besser zu fühlen.

Schnell rutscht man ab und die Erinnerungen verschmelzen mit der Realität. Diese Blase, von der ich bereits sprach, wird erschaffen.

In meiner Blase existierte etwa ein halbes Jahr keine Trauer. Ich weinte nicht. Ich lebte, lachte, liebte. Diese Phase begann bei mir etwa acht Wochen nach der Beerdigung und hielt zirka ein halbes Jahr an.

An dieser Blase, die ich um mich herum geschaffen hatte, prallte alles ab. Keiner konnte mich verletzen durch irgendeine Handlung oder Aussage. Ich funktionierte einwandfrei. Ich war eine gute Tochter und war somit brav für meine Eltern da. Ich ging arbeiten und lebte mit meinem damaligen Freund den ganz normalen Alltag.

In meiner Blase gab es irgendwo die Gefühle, die ich im vorherigen Absatz angesprochen habe, jedoch lebte ich die Verdrängung als Perfektion. Solange ich nicht bei meinen Eltern war, war mein kleiner Bruder für mich einfach nicht tot.

Es ging zwischenzeitlich so weit, dass ich mich freute ihn zu treffen und mit ihm zu quatschen, wenn ich mich zu meinen Eltern auf machte.

Mir war es ein halbes Jahr lang tatsächlich gelungen an diese Wahnvorstellung, anders kann ich es nicht nennen, zu glauben. In einer gewissen Weise beängstigend, oder?

Doch das mit dem Verdrängen erwähnte ich bereits, ist keine gute Idee. Auch hier habt ihr die Wahl, für euch zu entscheiden, ob ihr das Vergessen braucht.

Sucht euch trotzdem einen Anker, der euch an die Realität bindet, sodass ihr euch nicht wie ich in euren eigenen Gedanken und Vorstellungen von der Wirklichkeit verliert, nur damit es nicht mehr so elendig schmerzt. Denn hebt sich eines Tages diese Illusion auf, so fallt ihr tiefer, schmerzvoller, bitterlicher, betrogener auf den Boden der Tatsachen zurück. Aber dazu mehr an einer anderen Stelle. Die Enttäuschung ist kettensprengend.

Irgendwo zwischen Tod und Beerdigung meines kleinen Bruders hat dieser Verdrängungsmechanismus seinen Anfang genommen. Wo genau, kann ich nur mutmaßen, aber ich kann relativ gut zusammenfassen, welche Situationen dort hineingespielt haben.

Kehren wir auf unserem Zeitstrahl der Trauer zurück an den Punkt des Supergaues, denn alles beginnt bekanntlich mit einem Anruf, einer Information, in meinem Fall einer Nachricht.

Wir gehen direkt an den Anfang. Wir begeben uns an den Morgen, wo ich die Nachricht bekam, dass mein kleiner Bruder sich umgebracht hat....

Als ich am Dienstag um etwa zehn Uhr erwachte, musste mein Haustelefon schon des Öfteren geklingelt haben. Ich verabscheue es heute noch, dass ich damals nicht wusste, wie ich den Klingelton lauter stellen konnte. Wie üblich kramte ich als erstes mein Handy vom Tisch um zu sehen, wer eventuell schon geschrieben hatte, meine Mutter. Mein erster Gedanke war: „Was will sie denn nun schon wieder?! Ich öffnete Whatsapp und ich glaube mein Herz setzte ein.... zwei... drei... Momente aus. Die Luft blieb mir in der Kehle Stecken. Was ich dort las durfte und konnte nicht wahr sein:

6:33 Mutti: Bitte ruf mich ganz dringend zurück.

Es geht um deinen kleinen Bruder, die Polizei war heute hier.

6:55 Mutti: Dein Kleiner Bruder hat sich heute Nacht das Leben genommen.

Bitte melde Dich.

Ich blickte entsetzt meinen Freund an: „Das ist nicht wahr..." Ich holte schmerzhaft durch Schluchzen Luft. Er sah mich nur verwirrt an und legte seine Hand auf mein Bein. Streichelte mich vorsichtig, blieb auf Abstand, fragte nicht, wartete. Ich war mir nicht mal sicher, ob ich das in diesem Moment wollte, die Nähe. Ich wollte die Welt anhalten, zurückdrehen, aufwachen. Die Augen aufschlagen und geträumt haben.

Nach einer Ewigkeit löste sich die Starre meiner Muskeln. Ich begann unkoordiniert nach meiner Kleidung zu suchen. Ich fand sie nicht. Ich versuchte nach meinen Socken, meiner Hose, dem Pulli zu greifen, aber da lag nie was. Ich hatte das Gefühl erblindet zu sein. Die Welt war formlos, farblos, nicht mehr existent.

Er musste verstanden haben, dass ich mich anziehen wollte, denn von irgendwo gab man mir eine Hose, ein T-shirt, Socken. Man setzte mich auf einen Stuhl. Hob meine Füße in Schuhe hinein, kämmte mir die Haare und gab mir ein Glas, oder war es eine Tasse, auf jeden Fall etwas, in das ich meine Finger krallte. Aus weiter Ferne hörte ich eine Stimme, aber ich verstand sie nicht. Ich spürte die Blase, die sich um mich herum bildete. Nichts drang hinaus und nichts konnte zu mir hineinkommen.

Vermutlich waren nur Minuten vergangen, bis ich meine Eltern anrief. Es kam nicht mal ein Wartezeichen, da wurde der Anruf bereits entgegengenommen. Am anderen Ende war Stille. Ich war auch still. Damals wurde mir in dem Moment klar, dass es also kein Traum war.

Irgendwann kroch ein klägliches „NEIN" meine Kehle empor und vom anderen Ende hörte ich nur noch „Doch" und dann weinte sie. Meine Mutter weinte und weinte und weinte. Ich war still, immer noch.

Wieder schüttelten mich die Schluchzer, wieder brach ich in Tränen aus. Mein ganzer Körper bebte. Meine Welt brach in sich zusammen. Ich spürte von weither Arme, die mich festhielten. Worte, die mich trösten sollten. Ich fiel trotzdem in ein Loch und es schmerzte mehr und mehr.

Wieder überfielen mich die Tränen, die Schluchzer, der Schmerz. Ich kramte mein Handy aus dem Bett hervor. Ich wollte ihre Worte noch einmal lesen. Ich konnte die Wahrheit sehen. Mehrmals las ich ihre Nachrichten. Immer wieder und noch einmal. Wieder und wieder und wieder. In meinem Kopf drehte sich alles. Ich wollte es nicht begreifen oder konnte ich es nicht? Der Schmerz schien mich zu erdrücken.

Meine Hände zitterten, als ich versuchte meiner besten Freundin zu schreiben. Das Display verschwamm und Tränen stiegen mir wieder in die Augen. Ich vertippte mich bei jedem Wort und gab es auf, hielt meinem Freund das Handy hin und bat ihm, ihr zu schreiben.

Welche Worte sollte man wählen, um zu beschreiben, was genau geschehen war? Ich schien mit jeder weiteren Sekunde zu ersticken. Ich atmete und bekam trotzdem keine Luft. Ich bebte und fror am ganzen Körper. Ich verfiel in eine Emotionslosigkeit, um mich zu schützen.

Auch meine beste Freundin war sprachlos, wie vermutlich viele mehr, die diese Nachricht erhalten hatten. Den ganzen Tag blieben wir in Kontakt, denn sie war noch in der Schule und ich wartete auf meine Eltern. Ich weiß, dass sich dieser Zeitraum um etwa eine halbe bis dreiviertel Stunde handelte, doch fühlte es sich an wie eine Ewigkeit. Ich saß einfach nur da auf dem Schlafsofa und wartete auf das Klingeln, der Klingel.

Er durchschnitt die Stille, jener Ton, der mir verkündete, dass meine Eltern vor der Tür standen. Wieder setzte mein Herz einen Moment lang aus. Ich musste träumen. Es durfte nicht wahr sein. Sie sollen wieder gehen, dann ist es vielleicht nicht wahr.

Ich erhob mich und wanderte mit zittrigen Beinen zur Garderobe, streifte mir meine Jacke über. Anschließend öffnete ich die Tür. Meine Mutter bleich, mein Vater bleich und ich, die Tochter, die zweieinhalb Jahre nicht mehr zur Familie gehörte irgendwie dazwischen.

Ich erinnere mich nicht mehr ganz genau, wie die Situation ablief. Ich weiß nur noch, dass mein Freund sein Beileid aussprach und wir ins Auto stiegen und zu meinen Eltern fuhren.

Es war der erste Augenblick seit langem, in dem ich wirklich froh war, meine Eltern in meiner Nähe zu wissen. Ich wollte eine Mutter und einen Vater. Auch wenn man sich die meiste Zeit nur anschwieg und nur wenig sprach, so tat diese Nähe meiner

Familie mir irgendwo doch gut, oder nicht?

Ich wurde etwas ruhiger. Ich fragte, was genau passiert sei. Zur Antwort bekam ich lediglich mein kleiner Bruder habe sich erhängt und die Polizei untersuche wohl noch den genauen „Tathergang". Ich bin mir nicht mal sicher, ob es bei Suizid tatsächlich so betitelt wird.

Als wir zu Hause ankamen machten meine Eltern glaube ich Frühstück. Meine Mama kochte Tee und so saßen wir da und begannen darüber zu reden. Zu dem Zeitpunkt gab es noch keinen Abschiedsbrief, er war noch nicht gefunden oder eventuell hatten meine Eltern mir diese Tatsache auch erstmal verschweigen wollen.

Mein kleiner Bruder hatte Liebeskummer und wollte jenes Mädchen zurück, mit dem er mal zusammen war und mal nicht und am Ende verlor er den Kampf gegen seine Gefühle und die Sehnsucht war größer.

So zumindest die Version, die bis her öffentlich erzählt wird. Doch ein Leben endet nicht wegen einer verlorenen Liebe, denn ansonsten gäbe es nicht viele Menschen auf dieser Welt.

Er erhängte sich bei ihr zu Hause an einem Baum,

wobei erhängen im eigentlichen Sinne, wie ich finde, die falsche Betitelung ist. Im Nachhinein stellte sich heraus, dass es eine Mischung von Blutverlust, Alkohol, Müdigkeit und Kälte war, die meinen kleinen Bruder ohnmächtig werden ließ, wodurch er in die Schlinge kippte.

Vermutlich waren auch noch Drogen im Spiel, ich kannte meinen Bruder und seinen Konsum. Durch seine Ohnmacht waren die Lebenserhaltungstriebe des Körpers außer Gefecht gesetzt. Ansonsten wäre er bei vollem Bewusstsein gewesen, hätte er sich automatisch aus der Schlinge heraus selbst befreien können. Er war nicht wie bei einem Sprung ohne Bodenkontakt, sondern hätte sich jeder Zeit auf Zehnspitzen stellen können.

An diese sachliche Erklärung klammere ich mich seither, dass es zu einem winzigen Teil ein Unfall war, es Überlebenschancen gab, geringe, aber welche?!

Es fühlt sich komisch an, zu wissen, dass es tatsächlich eine gewisse Überlebenschance gab. Egal wie klein, aber sie war da. Er würde noch leben können und dieses Wissen macht mich irgendwie traurig.

Im Laufe des angebrochenen Morgens kamen noch Oma, die Mama meiner Mutter und meine Tante bei meinen Eltern vorbei. Sie bekamen auch Tee und Kaffee und frühstückten mit uns. Es flossen wieder Tränen und die Fassungslosigkeit stand uns allen mit riesigen Druckbuchstaben auf das Gesicht geschrieben.

Aus drei wurden fünf Menschen, die am Frühstückstisch saßen und sich anschwiegen. Jeder von ihnen in seiner eigenen Welt für diesen Augenblick gefangen. Wir befanden uns in einer seelischen Ohnmacht, die man nicht beschreiben kann. Wie auch? Immerhin ist es nicht so, dass ein Suizid in der Familie zum Lebensalltag gezählt wird.

Springen wir vor, denn wie die nächsten Tage aussahen lässt sich ziemlich einfach zusammenfassen: Nicht anders als der erste, nur dass ich in meiner Wohnung saß und nicht bei meinen Eltern. Diese Situation, war nicht der Anfang der Verdrängung. Wäre auch unmöglich gewesen, denn diese Tage beschreiben lediglich den Schock und das Abklingen dessen.

Der erste Moment, den ich mit als Auslöser

meines Verdrängenden, manipulierenden Verhaltens sehe, beschreibt sich weniger in einer bestimmten Situation, sondern in Ansichten, in denen sich mein Wunsch, von dem meiner Eltern sehr stark unterschied.

Die erste Reaktion meiner Eltern auf den Selbstmord meines Bruders in Bezug auf die Beerdigung war eine Anonyme Beisetzung. Mein kleiner Bruder sollte verbrannt werden und anonym auf einem Waldfriedhof beigesetzt werden. Jemand der sich das Leben nimmt, habe es nicht verdient auf gewöhnliche Weise beerdigt zu werden. Natürlich ist mir bewusst, dass meine Eltern sauer, enttäuscht und hilflos waren, aber an jeder Aussage ist ein Fünkchen Wahrheit und bis heute glaube ich, dass sie es möglichst schnell hinter sich bringen wollten. Ohne viel Aufsehen.

Ich war enttäuscht, dass sie anfänglich meine Wünsche nicht respektiert haben, dass es ihnen egal war, was mein großer Bruder und ich uns wünschten.

Oft wiederholte ich, dass ich mir einen Ort wünsche, den ich besuchen kann, wenn ich mit meinem kleinen Bruder reden möchte. Sehr oft.

Zum Glück haben sie sich irgendwann in den Tagen selbst dazu entschlossen, ein normales Grab mit normaler Bestattung im Sarg zu wählen. Eines der wenigen Dinge für die ich Dankbar bin. Auch wenn ich heute so weit weg lebe, so fahr ich einmal im Jahr zu meinem kleinen Bruder ans Grab.

Ich wünschte, ich könnte öfter gehen, denn das ist das Einzige, was ich an meiner Entscheidung bedaure. Trotzdem kann ich mit ihm reden egal, wo ich bin. Das zu lernen hat lange gedauert.

Es war dieses gefesselt sein, was meine Eltern mir zeigten. Ich durfte beim Gespräch mit dem Pastor, der für die Beerdigung zuständig war, dabei sein, aber ich durfte meine eigenen Wünsche nicht mit einbringen, bzw. sie wurden in keiner Form berücksichtigt.

Letztendlich gab es eine Beerdigung, die auf meine Eltern zu geschnitten war, aber bei der nicht einmal das Lieblingslied meines kleinen Bruders gespielt werden durfte.

Ich begann aus Eigenschutz die ersten Erfahrungen, die ich mit dem Suizid meines kleinen Bruders und somit mit seinem Tod in Verbindung brachte zu verdrängen. Wozu sich mit etwas beschäftigen, wenn meine Worte und Bedürfnisse, die ich dazu äußere, von den Menschen nicht gehört werden, die sie hören sollten. Meine Eltern lebten in ihrer Blase und ich begann mir meine Aufzubauen.

Meine Beschwerden trafen in allem auf taube Ohren. Das Jugendzimmer von ihm war wenige Wochen nach dem Tod bereits leergeräumt. Es blieb eine Kiste zurück und einige Jahre durfte ich seinen Kuschelelch behalten, bis auch der mir zum Verhängnis werden sollte. Inzwischen besitze ich einen identischen, der zwar nicht sein Elch ist, aber in der Symbolik diesen Elch verkörpert und ein Anker der vielen in meinem Leben bildet.

Was also blieb von dem Menschen, der diese Leere hinterließ, wenn alles, was an ihn hätte erinnern können fortgeschafft wurde? Wo kann man trauern, wenn man immer wieder ermahnt wird für die Eltern stark zu sein und da zu sein, weil nur sie ja ein Kind verloren haben. Ich quälte mich sehr lange mit diesem Zwiespalt.

Zwischen Stuhl und Tisch

Schwester oder Bruder des Verstorbenen zu sein kann zu einer nicht bewältigbaren Aufgabe werden.

Die ersten Tage und Wochen nach dem Suizid eines Kindes stehen die Eltern in der Familie im Mittelpunkt.

Tanten, Onkel und Großeltern erwarten von einem Verständnis. Dagegen würde nichts sprechen, wenn dabei das Verständnis für alle Beteiligten erbracht werden könnte.

Oft wurde ich vor den Kopf gestoßen, wenn ich auf der Suche nach Zuwendung und einem offenen Ohr für meine Trauer war. Vor allem die Aussage „Eltern sind nicht dafür gemacht ihre Kinder zu beerdigen" hat sich in meinen Gedanken eingebrannt.

Sehr häufig gingen mir diese Worte in der Zeit

durch den Kopf und selbst heute ertappe ich dabei, wie ich über die Bedeutung jener Aussage nachdenke.

Die Antwort erscheint relativ einfach, wenn wir uns den regulären Lauf eines Lebens anschauen, denn wir sollten nie vergessen, das Sterben ist ein Teil davon. Jedoch ist die „natürliche" Reihenfolge etwas auf das wir uns als Kind in der Regel vorbereiten können. Irgendwann im Leben kommt der Moment, wo unsere Eltern gehen. Sie haben ihren Lebensabend erlebt, der Körper ist in seinen Ressourcen verbraucht und die Zeit zeigt uns, es ist der Moment gekommen „Lebewohl" zu sagen.

Die Eltern irgendwann gehen zu lassen ist demnach etwas, was wir erwarten dürfen ohne Wenn und Aber. Dabei möchte ich nicht ausschließen, dass wir irgendwann im Leben nicht auch an dem Grabe einer guten Freundin, eines guten Freundes oder eben einem Bruder oder einer Schwester stehen werden. Halt einfach irgendwann im Alter, wenn wir selbst alt und gebrechlich sind.

Somit kommen wir an den Punkt, an den Kern der vorherigen Worte. Dass Eltern an dem Grab ihres Kindes stehen müssen, ist gerade in der heutigen Zeit in unserer Gesellschaft unnatürlich. Inzwischen gibt es in unseren Kreisen viele Möglichkeiten Leben zu retten, zu erhalten und den Tod selbst zu verzögern.

An dieser Stelle möchte ich erwähnen, dass ich ausschließlich von genau meiner Situation spreche und ausschließlich unsere Gesellschaft in meinem Heimatland meine. Mir ist bewusst, dass es in anderen Kulturen, Gesellschaften und Ländern selbst in der heutigen Zeit anders aussieht und die Kindersterblichkeit sehr hochliegt.

Genau dieses Wissen, macht die Situation noch trauriger. Dass es in einer Gesellschaft, die doch so weit entwickelt scheint zu dem Fall kommt, dass Kinder und Jugendliche sich das Leben nehmen.

Diese Tatsache sollte uns umdenken lassen. Es wäre wichtig, dass wir als Gemeinschaft ergründen, wo die Ursachen liegen, denn vieles ist leider Gottes das Ergebnis einer nicht funktionierenden Gemeinschaft und ein allgemeines Problem.

Soweit wir auch entwickelt scheinen, in zwischenmenschlicher Hinsicht haben wir versagt und werden wir noch sehr lange Defizite haben, an denen wir gemeinsam arbeiten sollten und positiv dran wachsen müssen. Nur so wird es möglich den unnatürlichen Weg zu durchbrechen, dass Eltern, Geschwister, Freunde, das WIR Menschen auf Grund eines Suizides Beerdigen müssen.

Durch die Tatsache, dass meine Eltern eines ihrer drei Kinder zu Grabe tragen mussten, wurden mein Bruder und ich gezwungenermaßen mit in die unnatürliche Realität hineingezogen.

Wie begegne ich Eltern, die am Grabe ihres Kindes standen, wenn ich das Kind bin, welches auch an diesem Grabe stand?

Es hat sich ein Abgrund aufgetan zwischen zwei Standpunkten. Auf der einen Seite war ich eines der Kinder welches noch lebte. Ich konnte also für meine Eltern da sein. Trost spenden, ein Gehör schenken, meine Unterstützung anbieten.

Auf der anderen Seite war ich eines der Kinder, welches noch lebte. Auch ich wünschte mir Eltern, die mir Trost geben würden, mir ein Gehör schenkten, mir Unterstützung in der Verarbeitung meiner Trauer anboten.

So kam es, dass ich meine Eltern begleitete beim Gespräch mit dem Pastor vor der Beerdigung. Ich zog trotz aller Differenzen in denselben Ort zurück.

Regelmäßig kam ich zum Kaffee. Meine Mutter unterstütze ich beim Chor, mit meinem Dad verbrachte ich Zeit bei der Jagd. Ihnen Zeit und Anwesenheit zu widmen war mir sehr wichtig. Ich hoffte, wenn die größte Last abfällt, irgendwann das Gespräch auch mit ihnen zu meiner Trauer führen zu dürfen, denn ich wusste ja: „Eltern sind nicht dafür gemacht, ihre Kinder zu beerdigen".

Es war meine Art ihnen mein Verständnis entgegenzubringen. Warten zu können, eben weil ich das Kind bin, welches noch lebt, bis sie bereit sind, mir ihr Gehör zu schenken.

Meine Absicht besteht nicht darin, jemanden zu entmutigen, aber ich warte noch heute. Vermutlich sind die Situation und das Ergebnis bei einem guten Verhältnis zu den Eltern ein anderes und es kommt zu jenen Gesprächen, wo auch ihr als Geschwisterteil mit euren Eltern ins Gespräch kommt. In meinem Fall ist wohl die Verbindung in der Vergangenheit zu sehr gestört worden.

Dadurch ist mein Erfahrungswert ein anderer. Dies mag auf einer anderen Ebene schwer wiegen, aber im Umgang mit meiner Trauer habe ich mir dadurch andere Wege und Personen gesucht. Der sichere Hafen, die Stützende Hand, fand ich im Kreis meiner Freunde.

Macht euch bewusst, sollten Eure Eltern nicht fähig sein, nach diesem traumatisierenden Erlebnis für euch da zu sein, ist es nicht ihre Absicht euch weh zu tun. Eure Eltern können nicht anders. Sie sind Opfer einer Situation geworden, die im Lauf unserer heutigen Gesellschaft unnatürlich ist.

Was ich euch damit sagen möchte, wenn du ein hinterbliebener Bruder oder eine hinterbliebene Schwester bist, macht euren Eltern keinen Vorwurf, dass sie euch das Gefühl geben, euch vergessen zu haben, denn das Gefühl habt ihr, weil wir als Geschwister ihr Verhalten so wahrnehmen und interpretieren.

Seht es vielmehr als den Hilferuf eurer Eltern und gebt ihnen die Chance zu trauern und sucht euch für die Zeit, wo eure Mutter und euer Vater gänzlich gebrochen Menschen sind, einen Hafen, der euch für eure Trauer gehört. Irgendwann, nach unbestimmter Zeit, heilt diese Wunde und eure Eltern sehen nicht mehr nur, was sie verloren haben, sondern erkennen, dass sie euch weiterhin an ihrer Seite haben.

Wenn ihr den Spagat wagen solltet, zwischen dem Kind, welches noch lebt und dem Kind, welches noch lebt, dann ist die Wahrscheinlichkeit ziemlich hoch zu scheitern. Akzeptiert, was nicht zu ändern ist und findet durch diese Akzeptanz eine Alternative.

Einfach mal anders ausgedrückt

Mit vier Tassen Kaffee auf dem Tisch, ein paar Keksen auf einem Teller in der Mitte, vier Personen, die Platz genommen hatten und einem „Mein herzliches Beileid." begann ein mir bis heute wichtiges Gespräch.

Auf der Zeitlinie sind erst ein paar Tage vergangen. Es ist der Sonntag nach dem Schicksalstag und unser Pastor ist zum „Trauergespräch" zu meinen Eltern nach Hause gekommen. Noch heute erinnere ich mich ziemlich genau an die meisten Worte und Inhalte.

Auch die Art und Weise, wie unser Pastor mit uns sprach, war sehr angenehm. Es hatte nichts von Mitleid, sondern war ein sehr wärmendes Gespräch. Zumindest in meiner Empfindung fühlt es sich bis heute noch immer sehr warm an, wenn ich daran zurückdenke.

An dieser Stelle ist es mir wichtig einmal Danke zu sagen, denn davon zehre ich weiterhin, wenn die Trauer mich überkommt. Ich bin dankbar für das Verständnis und die Kraft, die mir dadurch gegeben wurde, auch wenn es mir damals noch nicht so bewusst war.

Wir saßen also zu viert zusammen und sprachen über den Menschen, der von uns gegangen war. Natürlich ging es hauptsächlich darum, wie meine Eltern sich den Beerdigungsgottesdienst vorstellten und um viele Organisatorische Sachen, aber die kleinen Sätze, die neben der ganzen Planung vielen, lassen heute ein Lächeln auf meinem Gesicht erscheinen, wenn ich daran zurückdenke.

Die schönste oder vermutlich auch wichtigste Aussage möchte ich mit euch teilen.

Das Schöne an dem Gespräch mit einem und vor allem diesen Pastor, war einfach, dass er selbst die schlimmsten Dinge positiv formulieren konnte. Wobei, wer jeden Sonntag eine Predigt hält, kann wahrscheinlich einfach gut mit Worten umgehen.

Er wollte uns Dreien, die wir dort bei ihm saßen, an dem Tag etwas mit auf den Weg geben. Ob meine Eltern seine Worte auch mitgenommen haben, kann ich nicht sagen, aber mich hat er damit auf jeden Fall erreicht.

„Die Tage seit dem Suizid meines kleinen Bruders sollen wir als das Besteigen eines Berggipfels betrachten. Beschwerlich, kraftraubend und in manch einer Sekunde unmöglich schaffbar. Die Tage, der Weg bis zur Beerdigung als Pause vor dem allerletzten Anstieg und die Beerdigung als den Anstieg zum Gipfel selbst."

Er hat uns nahegelegt, die Tage zu nutzen, um in uns hineinzuhorchen. Eine Ruhe zu finden, um die Beerdigung selbst zu meistern. Der schwerste Schritt würde sein, meinen kleinen Bruder gehen zu lassen. Danach geht es jedoch wieder Berg ab, auch wenn wir erst einmal nicht erkennen werden, dass wir den Berg der Trauer Stück für Stück hinter uns lassen. Wir laufen mit unseren Füßen auf dem Berg der Trauer in ein Tal hinab. Für lange Zeit wird dieser Berg unter unseren Füßen sein wird und die Unebenheiten vorgeben, die uns straucheln lassen. Doch je mehr Tage vergehen, desto sanfter wird der

Abstieg und umso weniger neu Anstiege werden kommen. Eines Tages verlassen deine Füße den Fuß des Berges und die Trauer selbst, ist ein Teil deines Lebens geworden, die keine Anstrengungen und kein Straucheln mehr hervorruft. Deine Lungen können frei atmen, deine Füße entspannen und du selbst wirst an deiner ganz persönlichen Herausforderung gewachsen sein.

Unser Pastor sollte recht behalten. Der schwerste Schritt ist für mich bis heute meinen kleinen Bruder gehen zu lassen und wenn ich ihn damals je hätte, ganz gehen lassen können, wäre es bis zum heutigen Tag für mich ein ganz anderer Weg geworden.

Seit dem Tod meines Bruders trage ich dieses Päckchen mit mir mit und halte an etwas fest, was bereits vor Jahren gegangen ist. Doch darüber möchte ich mich in einem anderen Kapitel mit euch unterhalten.

An dem Tag der Beerdigung ließen wir dennoch bereits einen großen Teil von meinem kleinen Bruder gehen. Die menschliche Hülle, ein herzliches Lachen, eine unvergessliche Stimme, seine einzigartige Art, ihn als Mensch ließen wir endgültig gehen. Die Wege am Tag der Beerdigung waren eine meiner Schwersten, die ich gegangen bin. Zu sehen, wie sein Sarg auf gebart in der Kapelle stand war einer meiner schlimmsten Anblicke. Meinem kleinen Bruder einen Abschiedsbrief mit auf den Weg zu geben war meine schwerste Gefühlstat und das alles an einem Tag.

Also Ja, die Beerdigung selbst war der allerletzte Anstieg, bis wir, meine Familie und ich erschöpft auf dem Gipfel der Trauer angekommen waren und verharrten. Jeder von uns verharrte dort in seiner eigenen Dauer.

Meine Eltern ließen sich Krankschreiben für Monate, begaben sich in eine Ambulante Betreuung und besuchten jeden Tag das Grab. Mein großer Bruder isolierte sich gänzlich von allem. Auch er verbrachte viele Wochen daheim. Verharrte in seiner Blase und kehrte bis heute daraus nicht zurück.

An manchen Tagen glaube ich mehr als nur meinen kleinen Bruder dadurch verloren zu haben, denn mein großer Bruder, war nicht einmal wieder am Grab gewesen für lange Zeit. Ob er inzwischen dort war, kann ich nicht beurteilen. Zwischen uns liegt eine unausgesprochene Stille, die keiner von uns zu überwinden vermag.

Obwohl wir alle gemeinsam den Gipfel der Trauer erklommen haben, gehen wir heute jeder allein seinen Weg bergab.

Am Ende eines Tages entscheiden nur wir selbst, wie wir unsere Trauer formen wollen, wie wir sie gestalten wollen und wie viel wir von ihr ertragen können.

Bitte beachtet, wenn ihr gerade selbst auf diesem Gipfel stehen solltet oder euch auf dem langen, beschwerlichen Weg Bergab befindet:

Ihr und nur ihr allein gebt das Tempo eurer Trauer vor.

Gerade diese Worte von unserem Pastor sind an dieser Stelle sehr gut gewählt. Er hat es lediglich anders ausgedrückt, sodass jeder von uns verstehen kann, wie Trauer funktioniert. Am Ende steigen wir alle denselben Berg hinab, doch niemand kann bestimmen, wann und wo, auf welcher Etappe ein einzelner innehalten möchte.

Es ist nicht schlimm, wenn du eine Pause brauchst, weil der Weg vom Gipfel zurück zu einem normalen Leben dir unüberwindbar scheint. Macht eure Pausen, warten einige Momente ab und nehmt euch die Zeit, die ihr benötigt. Wir sind es, die einen Bruder oder eine Schwester verloren haben. Eine Person mit der wir unser bisheriges, gesamtes Leben verbracht haben.

Egal wer euch sagt: „Jetzt ist aber genug!" „Reiß dich zusammen!", „Irgendwann muss es doch mal besser werden." Lasst die Leute einfach reden. Sie haben nämlich keine Ahnung.

Natürlich wird euer Weg irgendwann immer leichter, weil er abflacht, weil die Trauer und der Verlust, den ihr als Bruder oder Schwester erlitten habt von einem Schockmoment zu einem Teil eures Lebens wird. Diese Tatsache, dass es ein Teil von euch ist und immer bleiben wird, werdet ihr irgendwann auf diesem Weg in eurer Trauer akzeptieren können.

Vielleicht nicht heute, Morgen und in ein paar Jahren. Mit dieser Akzeptanz lasst ihr jedoch den Berg hinter euch. Dadurch kommt ihr in eurem neuen Leben an. Ich spreche bewusst von einem neuen Leben, da eine Rückkehr zum alten nicht möglich sein wird.

Zwischen alt und neu, habt ihr, haben wir, die wir allein mit dieser Erfahrung leben müssen, einen Berg erklommen und bezwungen, der unwirklicher nicht sein kann.

Auch der Himmel fällt irgendwann herab

Keiner kann dieses Gefühl beschreiben. Diese Leere, denn irgendetwas fehlt mir. Egal wer auch da sein mag und mir Liebe gibt und Mut zu spricht, es ist diese eine Liebe, die mir fehlt und keiner von euch wird je mein Bruder sein können.

Plötzlich war er da, dieser Moment, jener Abschied. Wie verabschiede ich mich von meinem kleinen Bruder, wenn ich einen Tag zu vor mit ihm telefoniert habe, er gelacht hat, erzählt hat und glücklich schien.

Ich weiß es nicht. Ich sitze hier und möchte einfach nicht Lebewohl sagen, möchte nicht, dass es kein auf Wiedersehen gibt. Ich wünschte, man gäbe mir wenigstens noch einen Tag oder auch nur eine Stunde, damit ich mit meinem kleinen Bruder reden kann. Selbstverständlich ist mir bewusst, dass dies nicht möglich sein wird. Nicht auf die Art und Weise, wie ich es mir wünsche.

Den ersten toten Menschen, den ich in meinem Leben zu Gesicht bekam, war mein kleiner Bruder. Denke ich heute darüber nach fühle ich mich unbehaglich, etwas flau im Magen, komisch. Eigentlich sollte es nicht der kleine Bruder im Alter von achtzehn Jahren sein, den man tot sieht, eigentlich.

Von dem Tag, an dem meine Eltern mich abholten und wir ihm einen „letzten" Besuch abstatteten, habe ich nur wage Erinnerungen. Es scheint, als würde ich bewusst jene Bilder verdrängen, wenn ich in meinen Alltag mein Leben lebe.

Abschiede gab es viele während meiner Trauer. Selbst heute tauchen immer wieder Situationen auf in denen ich mich ein weiteres Mal verabschieden muss, von einem weiteren Teil von meinem kleinen Bruder, der noch in meiner Erinnerung an mir gebunden war. Die Arbeit mit den Texten bilden in jedem Kapitel einen Abschied zu einem bestimmten Thema meiner Trauer, einem Gedanken, der mich beschäftigt hat.

Die Gedanken von heute widme ich einem Tag. Genau genommen ein paar Minuten, die ich brauchte, damit ich heute in mir drin die Bestätigung habe, dass es wirklich mein kleiner Bruder war, den wir beerdigt haben und ich mich nicht der Versuchung hingebe zu hinterfragen, ob es eventuell eine Verwechslung gab.

Man neigt dazu sich selbst zu manipulieren, um die Wirklichkeit nicht wahrhaben zu müssen. Doch was du mit eigenen Augen gesehen hast, kannst du nicht leugnen, auch wenn wir jeder im Einzelnen eine Situation unterschiedlich wahrnehmen.

Bevor es zur Beerdigung kam, hatten wir die Möglichkeit meinen kleinen Bruder ein letztes Mal zu sehen. Ich habe anfänglich sehr mit mir gerungen. Ich habe mir die Frage gestellt, ob ich dieses Bild ertrage ihn zu sehen, die körperliche Hülle von ihm anzusehen. Heute bin ich froh, dass ich die Entscheidung getroffen habe.

Es war leichter ihn tot zu sehen und dies die angenehmere Erinnerung, als die Versuchung, irgendwann in meinem Leben dastehen zu müssen und mich zu fragen, ob er wirklich damals dort im Sarg lag.

Die Bestatter, die sich um die Beerdigung meines kleinen Bruders gekümmert haben, haben eine sehr angenehme Atmosphäre schaffen können. Mein kleiner Bruder wurde in einer Kapelle auf gebart. Der Sarg stand ganz vorn. Es gab Kerzen, Blumen und fühlte sich im ersten Moment surreal an.

Seht meine Geschichte bitte nie als ein Ultimatum oder Vergleichswert zu eurer eigenen Geschichte an, sondern betrachtet meine Geschichte als eine Erfahrung, aus der ihr lernen könnt, für euch das Richtige zu wählen.

Ich brauchte also Gewissheit. Ich wollte sicher sein, dass es nicht nur ein Traum war und es bewahrte mich trotzdem nicht davor, manchmal später im Verlauf die Realität etwas zu verzerren. So war also mein erster Schritt im Danach, meinem kleinen Bruder die letzte Ehre auf die für mich wichtige Art und Weise zu kommen zu lassen und ihn noch einmal zu sehen. Das, wie gesagt, kann nicht jeder.

Die Zeit vor der Kapelle, wo das Bestattungsinstitut ihn hergerichtet hatte, schien wie durch zähflüssigen Harz zu verlaufen. Es dauerte ewig, bis die zwei Herrschaften heraustraten und uns Anwesenden sagten, dass wir nun zu ihm hereindürften. Wir wurden noch auf gewisse äußere Erscheinungen hingewiesen, die bei einer verstorbenen Person normal seien und dann war der Weg frei.

Beim Betreten des großen Raumes wirkte der Sarg so winzig im Altarbereich und irgendwie unscheinbar. Auf der anderen Seite war es mir unheimlich. In einem Raum zu stehen mit dem leblosen Körper meines kleinen Bruders, machte mir auf irgendeine Art und Weise Angst.

Ich weiß noch, dass es mir sehr schwer viel nach vorn zu laufen und auf ihn zuzugehen. Bevor ich mich endgültig an den Sarg trauen konnte, musste ich auf eine der vorderen Kirchenbänke platznehmen.

Ich sahs da und sprach mir selbst Mut zu. Wovor ich Angst hatte, kann ich nicht mehr genau beurteilen. Vermutlich war es die Sorge, dass er anders aussah.

Als ich mich endlich durchringen konnte und bei ihm stand, war es wie eine kleine Erlösung. Er sah nicht anders aus. Mein kleiner Bruder wirkte sogar relativ friedlich, fast so als würde er schlafen. Ich stand also da und betrachtete diesen Körper, der mein Bruder gewesen ist und in dem Augenblick fühlte es sich auch wie mein Bruder an. Als wäre er da gewesen und hätte uns beobachtet. Vielleicht war es auch so, wer weiß schon, was nach dem Tod kommt.

Die Friedlichkeit, die dort um ihn herum herrschte, war beruhigend und beängstigend zu gleich. Es ermutigte mich seine Hand zu streicheln. Ihm einmal noch zu zeigen, wie lieb ich ihn hab. Die Kälte der Haut war ungewohnt und für mich in dem Moment unnatürlich, aber ich brauchte diese Berührung. Ich brauchte es, um Abschied nehmen zu können.

Seine Kälte kroch in meine Finger bis hoch in meinen Arm. Diese Kälte machte seinen Tod für ein paar Sekunden greifbar.

Wir hatten ein Ritual in unserer Jugend. Immer wenn ich ihn wecken kam, strich ich ihm durch die kurzen Haare, wenn er nicht aufstehen wollte. Da er sich aber als erwachsener Mann und zu alt für sowas sah, fauchte er mich darauf hin immer an mit einem: „Ey, lass das!" Dabei grinste er und drehte sich um.

Dort in der Kapelle, wo er so friedlich da lag, tat ich es auch. Ein letztes Mal strich ihm durch sein kurzes Haar. In meinem Kopf hörte einmal noch seine typische Antwort, doch in Wirklichkeit, blieben seine Lippen stumm.

Diese Stille in unserem Ritual, das war sein Abschied.

Der Brief den ich schrieb

An meinen geliebten kleinen Bruder,
An meinen Engel dieser Welt,

An meine Liebe mit tiefen Wunden,
Kleiner Bruder?
An Dich!

Ich weiß nicht, wie ich in Worte fassen soll, was ich gerade empfinde. Es fällt mir schwer zu sagen, wie es mir geht. Ich bin das erste Mal in meinem Leben ohne Worte. Das erste Mal in meinem Leben herrscht eine Dürre in meinem Kopf. Eine Dürre, die mein Paradies in eine Wüste verwandelt, eine Wüste, ohne die Möglichkeit meiner Trauer Ausdruck zu verleihen. Jedes Wort aus meinem Füller fühlt sich falsch, nicht richtig an. Jeder Buchstabe gleicht einer Qual. Jeder Satz dem Messerstich, den ich empfand als ich die Worte unserer

Mutter las.

Ich habe dich meinen kleinen Bruder verloren, den ich so sehr geliebt habe, um den ich immer in Sorge war. Ich wünschte, ich hätte dir helfen können. Ich wünschte, du wärst zu mir gekommen. Ich wünschte, ich hätte einmal öfter hingesehen, um zu merken, wie es dir wirklich ging. Alles was in meiner Macht stand, habe ich getan. Selbst in der Zeit, wo ich zu unseren Eltern keinen Kontakt hatte, haben wir uns heimlich getroffen. Ich bin nachts ans Handy gegangen und habe dich getröstet, wenn du weinend am anderen Ende unter schluchzen mir erzählt hast, dass du nicht mehr wolltest. Ich habe dir Mut zu gesprochen und du, du konntest wieder lachen, wurdest ruhiger und schliefst anschließend sanft atmend am Telefon ein.

Heute weiß ich, ich war nicht der Mensch, dem du alles erzählen konntest, wolltest oder dem du deine Gefühle offenbart hast. Deine Gefühle waren mir demnach wohl genauso fremd, wie allen denen, die hier mit uns zusammenstehen und um dich trauern.

Wir alle, die wir da sind und jetzt an dich denken, wir lieben dich.

Als Sohn wirst du geliebt.

Als Bruder wirst du geliebt.

Als Enkel wirst du geliebt.

Als Neffe wirst du geliebt.

Als Freund wirst du geliebt.

Als Klassenkamerad, als Arbeitskollege, als Mensch der du warst, wirst du, solange wir leben, denken, fühlen, solange mein Kleiner wirst du geliebt werden.

Doch obwohl wir alle dich so sehr lieben, warst du einsam in diesem Leben, einsam in deinem Leben. Du hast einen Menschen gesucht, der dich wortlos versteht, jemand der dich trösten, halten und wiederaufbauen könnte. Für dich muss die Suche nach dieser Person so verzweifelt gewesen sein, dass du daran zerbrochen bist. Ich bin froh jetzt solch eine Person zu haben. Zu wissen, dass meine Schwester gerade in Gedanken bei mir ist und meinen Schmerz mit mir gemeinsam leidet. Egal wie viele Kilometer zwischen uns liegen. Ich bin in dieser Zeit jetzt nicht alleine und es tut mir in der Seele weh, dass du dich trotz unseres Bemühens immer alleine gefühlt hast,.. du einsam warst.

Diese Tage sind schwer. Man kann nicht mal eben die Welt anhalten und sie so lange stillstehen lassen, bis man begriffen hat, dass du nicht mehr wieder kommen wirst.

Begreifen?! Was bedeutet in dieser Situation schon Begreifen?! Wann werde ich jemals begreifen können, dass du mein kleiner Bruder nicht mehr, nie wieder vor meiner Tür stehen wirst?!

Von mir wird verlangt zu begreifen, dass du nicht nur schläfst, sondern gestorben bist. Von mir wird verlangt zu akzeptieren, dein Lachen nicht mehr hören zu können. Von mir wird verlangt zu akzeptieren dich nie wieder umarmen zu können. Ich bin dazu verdammt, ein Leben ohne dich leben zu müssen.

Doch werde ich dein Lachen nie vergessen und deine Umarmungen ewig spüren. Ich werde Leben, eine Familie haben und meinen Kindern von dir erzählen. Doch ob ich jemals begreifen werde.. Bitte Kleiner sag mir wie..

Ich werde dich nicht fragen, warum du gegangen bist. Deine Antwort würde ich nicht ertragen. Ich frage dich:

Jetzt wo du weißt, wie es da ist im Paradies und jetzt wo du weißt, wie es uns allen geht, würdest du, wenn du die Wahl hättest, wieder zurück kommen?

Ich erwarte nicht heute, auch nicht morgen, oder in ein paar Wochen eine Antwort.. nur irgendwann. Kleiner Bruder irgendwann.

Heute darfst du fliegen. Du wolltest Flügel drum

schenke ich dir meine. Du kennst sie, diese Flügel. Sie waren lange meine Mauer, meine Maske, mein Racheengel für diese Welt. Nun flieg so hoch, so weit hinaus, wie du möchtest. Fliege so weit weg von dieser Welt, wie du es brauchst und wenn du dann, da draußen irgendwo herum fliegst und an mich denken musst, dann komm nach Hause. Erzähle mir von dort, wo du bist und wenn du da dann glücklich bist und deinen Platz gefunden hast, kleiner Bruder... wirklich erst dann gib mir meine Flügel zurück.

Wenn ich alt bin fliege ich dir hinterher und werde dich da oben suchen, mein kleiner Engel dieser Welt.

Wir bedecken dich mit Seide, betten dich in einem Bett aus Rosen und schicken dich mit einem Liebeslied den Fluss hinab. Dein Ende hast du selbst gewählt und die Zeit, die du wolltest, hast du gelebt und eines Tages, wenn ich zu dir nach oben komme, erzähle ich dir vom Leben.

Du bleibst für mich und alle anderen unvergessen.
In ewiger, schmerzlicher Liebe
dein
Schwesterherz </3

Vielleicht Morgen

Die Zeit vom Todestag meines kleinen Bruders bis hin zur Beerdigung hielt nicht ewig an. Irgendwann war es dann vorbei. Die Schockstarre schien sich langsam wieder zu lockern. Mir kam es so vor als bekäme ich von Tag zu Tag wieder mehr von meinem Umfeld bewusst mit. Die Arbeit, die anfiel, meisterte ich mit Bravour.

Irgendwann nach seiner Beerdigung begann in mir etwas zu wachsen. Ich begann umzudenken. Neue Dinge erschienen wichtiger denn je. Eine Art Ehrgeiz wuchs, denn ich hatte gelernt, wie schnell ein Leben in dieser Welt vorbei sein kann. Ich wollte jeder Sekunde, Minute, Stunde, jedem Tag wollte ich einen Sinn geben.

Doch auch mit jedem Tag, der begann und ein Ende fand verschwand mein Verlust nicht. Ich träumte von ihm nicht mehr als Junge, der lebt, oder als Kind, das spielte. Meine Träume begannen sich zu verändern. Irgendwann verschwanden die schönen Erinnerungen. Der Schutz für die Abende wich der Realität.

In meinen Träumen begann sich ein Netz aus Vorstellungskraft und Fakten zu verweben. Es nistete sich ein. Mein Unterbewusstsein stellte die Situation von jenem Abend nach und ich wurde gezwungen, diese Bilder zu sehen. Das Wissen um seinen Tod raubte mir am Ende die Kraft, die ich glaubte zu haben. Mein Wunsch nach Normalität wich einer Besessenheit. Krampfhaft wollte ich, dass alles funktionierte und wieder dem Alltag entsprach.

Dadurch verlor ich die Kontrolle über meine Trauer und meine Trauerarbeit. Ich isolierte jegliches Gefühl und sperrte diese für ein halbes Jahr gänzlich weg. Mein Leben sollte nicht außer Kontrolle geraten. Jeden Tag erlebte ich durchgeplant. Haushalt, Arbeit, Freunde, Hobbies. Ich nahm mir selbst sämtliche Freiräume und Möglichkeiten zur Ruhe zu kommen, damit ich es nicht kam.

Ich empfand Stille als unerträglich. Meine Gedanken und Gefühle, die in mir nach Beachtung schrien, wollte ich mit einem vollgepackten Leben übertönen. Das war meine Art der Abwehr. Davonlaufen, ignorieren, was da ist. Es wurde regelrecht zum Zwang.

Trat die Situation ein, dass ich doch etwas Zeit hatte, in der ich mich meinen Gefühlen hätte stellen können, erfand ich Ausreden, warum heute kein Guter Tag sei zu trauern.

Dadurch, dass ich mir nicht erlaubte mich mit dem Verlust meines Bruders auseinanderzusetzen, hatte mein Umfeld es sehr schwer mit mir zu Kommunizieren. Nur wenige kamen mit dieser Art zurecht, dass ich zwanghaft glücklich sein wollte. Ich bedanke mich an dieser Stelle bei all Denjenigen, die es aushielten.

Leider gab es auch Personen, die meine Situation ausnutzen wollten und hofften, durch ein sehr skurriles Verhalten meine Aufmerksamkeit zu erhalten.

Meine damals beste Freundin und ein guter Freund drohten mir mit ihrem Selbstmord. Sie versuchten meine Aufmerksamkeit auf die schäbigste Art zu erhalten, die ich mir vorstellen konnte. Mit dem guten Freund brach ich sämtliche Kontakte relativ schnell ab. Meiner besten Freundin gab ich eine weitere Chance.

Damals reagierte ich mit Verachtung und auch heute empfinde ich die Versuche weiterhin als respektlos. Hätte ich damals nicht die Schiene gefahren, der jungen Frau, die nichts erschüttern kann, dann wäre ich bestimmt drauf reingefallen, da ich ja dann durch die Trauer blind und empfindsam gegenüber den ihr Verhalten gewesen wäre.

Die beiden waren die einzigen zwei guten Freunde, die zum Schluss mit der Person, die ich heute geworden bin, nicht mehr zurechtkamen. Mir Vorwürfe über Vorwürfe an den Kopf warfen, weil ich nach dem Tod meines kleinen Bruders nicht mehr ich selbst sei.

Damit haben sie eigenständig die Konsequenz, die aus dem Suizid meines kleinen Bruders für mich entstand, auf den Punkt gebracht.

Man ist danach nicht mehr der Mensch, der man einmal war. Du kehrst dahin auch nicht zurück, denn eine Rückkehr würde bedeuten zu einem Ich zurückzukehren, was das Leben nur mit dem Verstorbenen kennt.

Also seid ein anderer Mensch, egal wer sich dadurch ausgeschlossen oder verletzt fühlt. Wir alle sind eine Summe unserer Erfahrungen, unserer Erlebnisse, unserer Menschen, die wir treffen und auch die Summe dessen, was wir verloren haben.

Die Freunde, die ich durch meinen Wandel zurückgelassen habe, vermiss ich in meinem Leben nach dem Suizid meines kleinen Bruders nicht, denn ich habe inzwischen gelernt, dass Freunde in manchen Lebensabschnitt nicht weiter mitgehen werden. Es ist möglich sich vielleicht an einem anderen Tag wieder zu begegnen, aber den Weg deiner Trauer solltest du mit den Menschen gehen, die dich dahin gehend begleiten wollen und nicht mit jenen, die dich in eine Vergangenheit zurückziehen wollen.

Der Glaube an ein Morgen, das Vertrauen, dass der Morgen auf jeden Abend folgt, hat viele Tage abschließend nicht ganz so bedauernd enden lassen.

Nachdem ich meine Gefühle ein halbes Jahr weggesperrt hatte, kam was kommen musste. Ich möchte ungern von einem Zusammenbruch sprechen, da dieses Wort sehr negativ behaftet ist. Doch es war am Ende der Zusammenbruch der Mauern, der zwingend erforderlich war und mich für meine Zukunft voranbringen sollte.

Es kam plötzlich und auf einen Schlag. Eine Art soziale Phobie hatte sich über Nacht entwickelt. Ich wollte meine Wohnung nicht mehr verlassen. Der Gedanke auf Menschen zu treffen, machte mir Angst, weil es Menschen waren, die durch ihr Verhalten meinen Bruder zur Verzweiflung getrieben hatten. In den vier Wänden meines Zuhauses fühlte ich mich geborgen und sicher. Ich konnte weinen, wann ich weinen musste, konnte wütend sein auf meinen kleinen Bruder, wenn die Wut hochkochte. Ich durfte still sein, als ich Stille brauchte. Doch das da draußen, erschien mir als die Abgründe der Gesellschaft.

Der Gedanke alles auf morgen zu verschieben, war andauernder Begleiter. Einkaufen, lieber Morgen. Freunde treffen, lieber Morgen. Zurück in die Wirklichkeit finden, lieber Morgen. Dieser Zustand hielt einige Wochen an und irgendwann in dieser Isolation, wo ich in meiner Blase lebte, getrennt vom Alltag des Lebens, wandelte sich der Gedanke.

In der Zeit weinte und vermisste ich meinen kleinen Bruder sehr viel. Viele Emotionen machten mich sehr, sehr traurig. Mein Lachen, war in der Zeit gänzlich erloschen und nicht existent. Doch dann kam ein Morgen, an dem ich aufwachte und das erste Mal seit langem an etwas Schönes dachte. So kam es, dass ich abends, wenn ich ins Bett ging dachte: „Vielleicht morgen"

Diese Isolation war eine Pause, die ich mir genommen hatte, um angestaute Gefühle hinauszulassen, ohne beachten zu müssen, ob ich es dürfte. Ich tat es einfach. Es war ja keiner da, um mich zu verurteilen. Also verharrte ich auf dem Abstieg des Trauerberges, bis ich so weit war, weiter zu gehen.

Das „Vielleicht Morgen" half mir dabei. Jeden Morgen wurde ich etwas glücklicher. Ich lächelte wieder. Ich sah mich selbst wieder an und machte mir Gedanken zu meinem Wohlbefinden. Aus Wünschen wurden Ziele, aus Scheu wurde Neugier. Aus mir wurde ein neues Ich.

Diese extreme gesellschaftliche Isolation sehe ich

gerne als einen Kokon an, in den ich mich eingesponnen habe, um ganz in Ruhe entscheiden und mich entwickeln zu können. Eine Wahl auf und für den Weg, den ich für mein Leben ohne meinen kleinen Bruder gehen möchte.

Die Leiden eines verlorenen Kindes

Die Schuldfrage gibt es bei einem Suizid nicht direkt, denn wenn es sich dabei nicht gerade um eine Kurzschlusshandlung handelt, spielen viele Elemente über lange Zeit eine Rolle. Die Ursache ist für uns als Hinterbliebene unergründlich. Die Antwort auf das „Warum?" unmöglich.

Wie also sieht ein Kind, welches noch nicht gelebt hat, unsere heutige Welt, so dass es beschließt, es ist besser, wenn ich mein Leben beende. Wie traurig und einsam sind solche Kinder und Jugendliche? Welchen Faktor nehmen wir als Gesellschaft dabei ein oder spielt sich die auslösende Problematik lediglich in den Köpfen jener ab, die von uns gingen?

Wir alle bringen einen Wert an Erfahrungen mit. Wir leben in einem bestimmten Umfeld. Wir haben eine gewisse Empfindsamkeit in uns und eine eigene Wahrnehmung aktueller Situationen. Diese Elemente ergeben in der Summe, den Grund und die Antwort auf die Frage nach dem „Warum?!".

„Nicht was wir erleben, sondern wie wir etwas erleben, bestimmt den Wert des Erlebten." (Blaise Pascal in umgewandelter Form)

Doch da wir alle unsere eigenen Erfahrungen haben, unser eigenes Umfeld, unsere eigene Empfindsamkeit und unsere eigene Wahrnehmung, werden wir als Hinterbliebene lediglich mutmaßen können, warum ein Mensch sich das Leben nimmt.

Es ist wichtig, dass ihr versteht, dass man es nicht kommen sehen kann, wenn die Person es einen nicht kommen sehen lässt.

Als Bruder oder Schwester teilen wir zwar viele Erfahrungen, wir teilen einen Großteil unseres Umfelds, doch haben wir eine andere Empfindsamkeit und nehmen dieselbe Situation ganz anders wahr. Wir erleben ein gleiches Leben, doch gehen verschieden damit um.

Im Falle meines Bruders, kann ich demnach nur mutmaßen, warum er aufgegeben hat.

Auf der anderen Seite, auch wenn ich enttäuscht bin, habe ich inzwischen Verständnis. So oft ich mir auch sage, ich habe es doch auch durchgehalten und habe gekämpft, bis ich etwas ändern konnte. Jedes Mal spreche ich von mir und meinen Augen und wie ich die Welt sehe. Für meinen kleinen Bruder kann ich nicht sprechen und ich werde die Welt nie so wahrnehmen, wie er es tat.

Wir haben viele Gespräche geführt. Lange und tiefgründige Gespräche, in denen er traurig war, sich einsam fühlte und hilflos wirkte. Mein kleiner Bruder war immer auf der Suche nach Liebe. In ihm drin gab es eine Leere, die er zu füllen versuchte. Es gab da etwas, dass ihm so sehr fehlte, dass er nie zur Ruhe kommen konnte.

Oft wünschte er sich Bestätigung in dem was er tat und erreichte in seinem Leben. Zu einem gewissen Teil konnte ich ihm die bestimmt geben. Dennoch bin ich mir ziemlich sicher, dass er sich Bestätigung und Anerkennung, sowie Zuneigung und Nähe vor allem von zwei anderen Personen wünschte.

Wie unsere Eltern mit uns lebten, war sehr materiell. Doch Kinder brauchen kein Geld um glücklich zu sein und vielleicht werden unsere Eltern es irgendwann begreifen.

Ich möchte es euch verdeutlichen, wie sehr mein kleiner Bruder vermutlich unter der fehlenden Nestliebe gelitten hat, denn er liebte meine Eltern, sowie er auch mich liebte bis zum letzten Tag.

Es tut mir leid, dass sagen zu müssen, doch unsere Eltern liebten uns nie so zurück, denn für sie bin ich heute noch, das falsche Kind, was lebt.

Immerhin bin das Kind, was lebt. In ihrer eigens verzerrten Wahrnehmung, liebten sie uns bestimmt, aber nicht so wie Kinder es brauchen, nicht so, dass man unbedingt lebendig erwachsen wird.

Er litt schon lange. Es begann sehr früh im Kindesalter, dass wir in uns unsere Familie fanden und uns versprachen gemeinsam durchzuhalten, denn wir hatten ja uns. Die Beziehung zu meinem kleinen Bruder war sehr innig und wir sprachen viel miteinander über das, was uns bewegte.

Zu unserem großen Bruder hatten wir nicht solch einen Draht. Er war uns von der Entwicklung immer einen Schritt voraus, sodass die Interessen weit auseinander gingen.

Noch heute erzähle ich ihm, die ein oder andere Geschichte, wenn ich glaube, dass er mich besucht oder wenn mir einfach nach dieser vergangenen Tradition ist.

Es gibt Situationen, aus dem Leben mit meinem kleinen Bruder, welche sich sehr eingebrannt haben. Die für mich große Spuren hinterlassen haben und leider von meinen Eltern sehr wenig Beachtung erhielten.

So gab es Sommerferien in denen eine Beziehung von meinem kleinen Bruder zu Ende ging und er verzweifelt war und mit dem Verlust nicht zurechtkam. Er fühlt sich abgelehnt und verstand nicht, wie sie ihn fallen lassen konnte.

Eines Morgens, als die Eltern schon aus dem Haus waren, fand ich einen Brief auf dem Küchentisch. Er hatte ihn an mich adressiert. Er drohte darin sich umzubringen, sich das Leben zu nehmen. Diese Sommerferien waren weit vor seinem eigentlichen Suizid. Den ganzen Vormittag versuchte ich ihn anzurufen und zu erreichen. Ich war in Panik und ich wusste nicht, was ich anderes hätte tun sollen in dem Moment, als zu warten und zu hoffen. Irgendwann bevor meine Mutter heim kam, tauchte er wieder auf. Er war verheult und es ging ihm sichtlich schlecht. Seine Arme waren malwieder aufgeschnitten. Ich nahm ihn bei der Hand, wir gingen hoch und verarzteten die Wunden. Es wurde kein Wort gesprochen. Ich wusch seine blutverschmierte Kleidung und hoffte auf ein Wunder.

Meine Mutter und mein Vater wussten davon nichts. Lange Zeit teilte ich dieses Geheimnis mit meinem kleinen Bruder. Es war diese stille Vereinbarung, ihn nicht zu verraten. Damals fühlte es sich an wie verrat. Ich war selbst noch ein Kind, so wie er und konnte die Tragweite nicht einschätzen.

Ich habe mir oft dadurch die Schuld gegeben, weil ich erst sehr spät mit meinen Eltern über das selbstverletzende Verhalten meines kleinen Bruders gesprochen habe.

Heute weiß ich, ich hätte es nicht verhindern können, nur herauszögern. Jemand, der sterben möchte, wirklich sterben möchte, der wird sich eines Tages das Leben nehmen.

Mein kleiner Bruder hat sich lange geritzt. Immer wieder half ich ihm beim Vertuschen. Immer wieder hielt ich ihn im Arm und er durfte weinen. Es kam, wie es kommen musste und meine Mutter fand heraus, dass er sich selbst verletzte. Sie wollte sein Bett neubeziehen als wir noch in der Schule waren und als wir heimkamen, gab es ein Donnerwetter, welches schlimmer nicht hätte sein können. Auf meinen kleinen Bruder und auf mich prasselten Vorwürfe über Vorwürfe. Wir wurden niedergemacht und vor allem er bekam Dinge zu hören, von denen ich bis heute keine versteh. Es gab noch weniger Verständnis von unserem Vater, als dieser Heim kam.

Wenn ich als Eltern herausfinde, dass mein Kind sich das Leben nehmen möchte, greife ich es dann verbal an? Sage ich ihm, dass ich keine psychisch gestörten Kinder in die Welt gesetzt habe?

Bis heute bleibt mir das Verhalten meiner Eltern unerklärlich. Sie schickten meinen kleinen Bruder zwar zum Arzt, aber am Essenstisch vielen immer wieder spitze Bemerkungen. Das doch bald mal gut sein müsste mit dem Rumgespinne und ähnliches.

Sie haben Salz in die Wunden gestreut, die mein kleiner Bruder hatte und haben es vermutlich gar nicht gemerkt.

Irgendwann zog ich aus und mein kleiner Bruder musste allein zurechtkommen. Meine Eltern verboten den Kontakt zu mir und so trafen wir uns nur noch selten heimlich und es gab diese nächtlichen Telefonate, in denen er weinend am Telefon einschlief und ich ihm lauschte und zuhörte.

Es mag sein, dass er sich von mir im Stich gelassen gefühlt hat, als ich ausgezogen bin. Falls es so sein sollte, bitte ich ihn um Verzeihung, wenn wir uns nach dem Tod wiedersehen.

Einige Wochen vor seinem Tod lief er von zu Hause weg und nach zwei Jahren Funkstille zu meinen Eltern hatte ich eine Nachricht von meiner Mutter auf Facecook, dass sie ihn nicht erreichen und finden könnten.

Es dauerte einen Anruf und ein Treffen. Ich bat meinen kleinen Bruder für das letzte halbe Jahr seiner Ausbildung zu unseren Eltern heimzukehren. Er tat dies unter der Bedingung, dass ich den Kontakt zu unseren Eltern wieder aufnehmen würde. Das war der Deal. Ich erfüllte ihm diesen Wunsch und so bekamen wir etwas von dem zurück, was wir in unserer Kindheit hatten.

Trotzdem tat er es wieder. Er verletzte sich und nahm Tabletten. Schickte mir davon Bilder in Whatsapp. Ließ mich auf der einen Seite so nah an sich heran, dass ich seinen Schmerz mitempfinden sollte, aber trotzdem konnte oder durfte ich ihm nicht helfen. Diesmal richtete ich das Wort direkt an meine Eltern. Ich hatte zu große Angst, dass wirklich etwas passieren würde, wenn ich nicht vor Ort bin.

Drei Wochen später nahm er sich das Leben. Einen Tag zuvor haben wir telefoniert und er wirkte sehr gelöst und zufrieden. Wir unterhielten uns normal und er verabschiedete sich mit den Worten:

„Schwesterherz, ich hab dich lieb."

Im Nachhinein hat meine Mutter mir erzählt, dass er sich wohl die letzten Tage, von vielen Dingen verabschiedet habe. So saß er vor dem Haus und schaute einfach ruhig vor sich hin, wollte unbedingt mit meinen Eltern in der Stadt einen Kaffee trinken und ging mit dem Hund eine extra große Runde.

Später fand man eine Liste, auf der er alles abhakte, was er noch erledigen wollte, bevor er ging. Egal, was ich auch versucht hätte, mein kleiner Bruder hatte schon lange davor mit seinem Leben abgeschlossen.

Ich habe euch die Geschichte erzählt, damit ihr versteht, dass ihr als lebende Schwester oder Bruder keine Schuld tragt, wenn euer Geschwisterteil, sich das Leben genommen hat, denn egal wie viel Mühe ihr euch gebt, jemand der sterben möchte, wird irgendwann sterben.

Gebt euch nicht die Schuld für etwas, dass ihr nicht beeinflussen könnt. Ich bin mir sicher, dass jeder von euch alles in seiner Macht stehende getan hat.

Macht euch frei von dem Gefühl euren Bruder oder Schwester im Stich gelassen zu haben. Unsere geliebten Engel dieser Welt, wollen bestimmt nicht, dass wir unser Leben lang traurig sind.

Sichtbar spuren verschwinden

Jeder Mensch hinterlässt sichtbare Spuren in dieser Welt. Mein kleiner Bruder hat auch seine Spuren hinterlassen. In der schnellen Welt des Internets war das Erste, was verschwand seine Facebookseite. Meine Eltern haben meine Tante damit beauftragt. Dadurch sollte verhindert werden, dass es im Internet zu ungewollten Bemerkungen kommt.

Dieser Prozess der Löschung spiegelt ziemlich genau wieder, was in den Jahren passiert ist. Er wurde quasi ausradiert. Natürlich in kleinster Weise böse oder mit Absicht. Dieser Prozess verläuft automatisch.

Die Spuren in der Welt der Lebenden verblassen. Alte Fotos rücken in den Hintergrund, weil neue folgen und auf diesen ist er nicht mit drauf. Sein

Zimmer wird ausgeräumt und nur ein kleiner Teil bleibt zurück.

Lange Zeit habe ich mir seinen kleinen Kuschelelch aufgehoben. Wir hatten uns damals in Schweden gemeinsam unsere Elche von unserem Taschengeld gekauft. Dieses kleine Plüschtier hatte eine große Bedeutung für mich. Leider forderten meine Eltern genau jenen nach ein paar Jahren zurück.

Mir wurde gesagt, dass ich auf hinterlistigste Art, mir alles von meinem kleinen Bruder angeeignet hätte, was es noch gab. Dabei, hat meine Mutter mir seine Gitarre gegeben, damit ich für den Chor übe und mir damals angeboten, dass ich etwas von ihm mitnehmen dürfte. So ändern sich die Bedürfnisse der Menschen über die Zeit.

Meine Eltern waren es, die sehr schnell sein Jugendzimmer leergeräumt haben und lediglich einen Karton und ein paar Fotos als Erinnerung aufgehoben haben.

Es ist, wie es ist. Ich werde meine Eltern nicht mehr ändern können und selbst wenn doch, dadurch kommt mein kleiner Bruder nicht zurück.

Wo die Welt seine Spuren verschwinden lässt,

habe ich die Möglichkeit etwas zu erschaffen, so dass ein Symbol als Mahnung von ihm weiter existiert. Dabei ist nicht entschieden, ob ich zur gesamten Welt sprechen möchte oder nur ein Symbol für mich erschaffe. Der Suizid meines kleinen Bruders steht als Mahnung für viele Kinder und Jugendliche, die sich das Leben genommen haben. Seine Geschichte ist der Apell an alle, an uns, an dich, an die Gesellschaft, dass WIR etwas ändern müssen. Ansonsten wiederholen sich die Schicksale und mehr Eltern stehen am Grabe ihres Kindes. Weitere Geschwister bleiben zurück und werden vergessen, obwohl wir leben.

Ein Symbol hat immer eine Bedeutung. Jeder kennt sie und versteht sie. So ist ein Herz, das Symbol für die Liebe, ein Kreuz, das Symbol für Glaube, Hoffnung, Tod und eine liegende acht beschreibt uns die Unendlichkeit.

Ich liebe meinen kleinen Bruder bis in die Unendlichkeit und über den Tod hinaus. Ich glaube an ein Glückliches Leben und hoffe, dass er jetzt glücklich ist.

Obwohl seine weltlichen Spuren gegangen sind, bleiben die Spuren, die er in uns hinterlassen hat, präsent. Zwar unterschiedlich ausgeprägt, aber der Gedanke bleibt.

Mir war es wichtig über den Schritt der Gedanken hinauszugehen. Dadurch das meine Eltern sehr schnell, sehr viel verschwinden lassen haben, wollte ich für mich etwas erschaffen, was ich bei mir tragen kann und mich immer daran erinnert, was ich einst zu früh verloren habe.

So entstand über vier Jahre hinweg eine Idee und daraus resultierend eine Tat. Ich trage meinen Anker meiner Trauer jeden Tag mit mir und brauch niemals mehr zu fürchten, dass irgendwer ihn mir nimmt.

Mit einem kleinen Tattoo am linken Handgelenk habe ich mir einen Lebenstraum erfüllen können und mir gleichzeitig Stabilität gegeben.

Gerade in Bezug auf Trauer und Verlust ist es wichtig, dass wir einen Anker haben. Leider halten wir uns oftmals nicht an uns selbst fest, sondern an anderen Personen oder Dingen. Diese können irgendwann verschwinden. Das heißt nicht, dass es nicht gut ist sich auf jemanden zu stützen, nur wenn deine Trauerarbeit in Abhängigkeit zu einer Person steht, dann ist es sehr wahrscheinlich, dass du irgendwann von vorne beginnen musst.

Frage dich also, wie du deine Trauer als Symbol mit dir nehmen kannst, um einen Anker zu haben, wenn du deinen Bruder oder deine Schwester wieder vermisst.

Nimm dir die Zeit, die du dafür brauchst und lass weltliche Spuren von dem verstorben ohne bedauern verschwinden, denn deine Erinnerung und die Spuren, die du von ihm oder ihr mit dir trägst, nimmst du mit bis zum Ende.

Erdbeeren schmecken süß

Gerade in der Anfangszeit meiner Trauerarbeit fühlte ich mich häufig verloren. Für Eltern gab es viele Foren, Bücher und an sich auch Angebote wie Selbsthilfegruppen. Als Geschwisterteil kam bei mir sehr schnell das Gefühl auf, nur ein lästiges Anhängsel zu sein, was meine Situation nicht wirklich verbesserte.

Man findet viel Lektüre, die sehr allgemein gehalten ist. Am Ende sind diese Bücher, auch nicht schlecht geschrieben und auch als Schwester oder Bruder ist es möglich viel daraus mitzunehmen für den eigenen Weg. Dennoch bleibt das Gefühl eher bittersüß.

Es gibt ein Buch, welches wirklich für Geschwister gestaltet wurde. Dabei behandelt es verschiedene Erfahrungen von Geschwistern, die uns alle ihre Geschichte erzählen und teilhaben lassen.

Mit „Warum nur? Vom Verlust eines Bruders oder einer Schwester durch Suizid" fühlte ich mich zum ersten Mal weniger allein. Die Autorin Samira Zingaro hat für ihr Buch mit verschiedenen Geschwistern gesprochen und erzählt uns ihre Geschichten.

Wunderbar wurden dort Emotionen und Situationen beschrieben, die ich selbst durchlebt habe. Es wird von der Verzweiflung danach, der Wut und der Einsamkeit gesprochen. Außerdem gibt es Hoffnung, denn man erfährt auch viel über Wege, wie das Leben weiter gehen kann, wenn man selbst dazu bereit ist.

Ich fragte mich, warum es nur ein Buch für Geschwister gibt, wenn doch zu hinterbliebenen Eltern auch oftmals Kinder gehören. Vielleicht schreibe ich deswegen meine Erfahrung auf, um sie mit euch zu teilen.

Dabei wären wir wieder an dem Punkt von ganz zu Anfang. Es wird nicht besser, sondern es wird anders und eine ultimative Lösung für jedermann gibt es auch nicht. Ich bitte euch, euch selbst die

Frage zu stellen:

Was benötige ich, dass die Erdbeeren wieder süß schmecken.

Wir sind geblendet durch unsere Trauer und unseren Verlust. Spaß zu empfinden, Freude auszuhalten, kann eine untragbar Last werden. Es geht jedoch nicht darum sofort wieder lachen zu können, alles stehen und liegen zu lassen, sondern es geht darum den Verlust zu verarbeiten und sich selbst zu überlegen, wer wir sein wollen ohne diesen Menschen an unserer Seite. Was also bedarf es, dass die Erdbeeren wieder süß schmecken?

Mir haben viele Dinge geholfen, je nachdem an welchen Punkt ich mich in den Trauerphasen befand. Das Niederschreiben nimmt dabei, den größten Raum ein, obwohl es ein Jahr gebraucht hat, bis ich den Stift dafür in die Hand nehmen konnte. Davor wollten die Worte nicht wirklich fließen und inzwischen schreibe ich seit sechs Jahren immer wieder etwas von meinen Erfahrungen auf.

Dadurch sind Gedichte entstanden, kleinere

Liedtexte, nun ja und eben dieses Buch. Doch das Schreiben allein, war es nicht.

Hinzukam das Auseinandersetzen mit der Thematik. Was ist überhaupt ein Suizid? Wie wird er klassifiziert? Wie kann es dazu kommen?

Es sind viele Fragen dagewesen, die ich auf wissenschaftlicher und psychologischer Ebene beantwortet haben wollte. Also habe ich sehr viel Buchlektüre zum Thema Suizid und Suizidalität gelesen. Wichtig war mir in dem Zusammenhang auch der Austausch oder zumindest der Erfahrungswert von anderen hinterbliebenen Geschwistern.

Die Phase, in der ich gelesen habe, war eine innerlich sehr ruhige Phase. Mein Bedürfnis, war in den Augenblicken nie, Gefühle loszuwerden. Ich wollte Wissen anhäufen, um Verständnis entwickeln zu können, sowie meinen Schuldgefühlen, den Halt zu nehmen.

Bis heute bin ich davon überzeugt, dass es als Betroffene Person wichtig ist, sich auf wissenschaftlicher Seite mit dem Thema auseinanderzusetzen.

Zusätzlich habe ich irgendwann viel Zeit mit mir

selbst verbracht bei Spaziergängen im Freien. So bin ich auf der einen Seite der Versuchung aus dem Weg gegangen mich zu verkriechen und konnte trotzdem meinen Gedanken nachhängen.

Ich habe mir außerdem große Fragen gestellt mit wichtigen Entscheidungen, um mein Leben nach meinem Bedürfnis zu verändern. Dabei habe ich die Bedürfnisse anderer ausgeblendet. Es war wichtig diese Entscheidungen zu treffen, ohne ein schlechtes Gewissen zu bekommen.

So habe ich meine Zelte abgebrochen und bin sehr weit weggezogen von meiner alten Heimat. Die Orte, wo ich mit meinem kleinen Bruder aufgewachsen bin, haben mich zu sehr erdrückt, als dass ich mich hätte frei entfalten können. Trotzdem war ich an dem Punkt, wo ich Weiterentwicklung und einen Neustart brauchte.

Dadurch habe ich viele Menschen verletzt. Die Entscheidung war bis heute die Beste, die ich für mein Leben je hätte treffen können. Wenn ihr also das Bedürfnis habt etwas zu verändern, weil es euch mit der Veränderung besser geht, dann tut es.

Ein weiterer Weg in meiner Trauerarbeit, war das Strukturieren meines Tages. Ich setze mir kleine

Ziele, die eine geringe Wahrscheinlichkeit des Scheiterns mit sich brachten. Dadurch hatte ich Erfolgserlebnisse, die mich aufbauten. Stück für Stück zogen mich diese kleinen Erfolge zurück in das Leben mit der Gesellschaft.

Auch wenn ich weiterhin überzeugt bin, dass mehr über psychische Erkrankungen gesprochen werden, muss und vor allem die Möglichkeit gegeben werden sollte, dass öffentlich darüber gesprochen werden darf, bin ich nicht mehr gänzlich gegen unsere Art und Weise des sozialen Umgangs eingestellt.

Aus kleinen Zielen wurden größere Ziele und inzwischen habe ich wieder Träume für ein glückliches Leben, nach denen ich strebe.

Durch Ziele bekam ich aufgaben. Eine Aufgabe und Verantwortung für etwas zu haben, kann selbst an den düstersten Tagen sehr motivierend sein. Mit dem Beginn einer Ausbildung habe ich mir ein großes Ziel gesetzt und dadurch viele kleine verschiedene Aufgaben und Verantwortungen erhalten. Außerdem hat mir das Adoptieren eines großartigen Katerchens eine wunderbare Lebensaufgabe gegeben, durch die ich viel Liebe und Zuwendung zurückbekomme.

Allem in allem habe ich es geschafft, mich über die Jahre hinweg zurück in ein Leben zu kämpfen, mit dessen Verlauf ich für die Zukunft sehr glücklich bin.

Genau das sollte euer Ziel werden. Einen Weg zu finden, wie ihr euch Hoffnung, Freude, Lebenswillen und Trost in kleinen Schritten wieder aufbaut, damit ihr, wenn ihr zurückschaut, sehen könnt, welchen großen Schritt ihr in der Gesamtbetrachtung geschafft habt.

Dieser Tag gehört uns allein

Jedes Mal, wenn ich denke, ich hätte es endlich durchgestanden, erinnert mich mein Herz daran, dass mein kleiner Bruder fehlt. Die Wunde, von der ich glaubte, sie wäre am heilen, reißt wieder auf und blutet.

Nach fast drei Jahren fühlt es sich kaum anders an. Der Abschied als solches mag eventuell von Statten gegangen sein, jedoch schweben jene Gefühle von damals immer noch umher.

An manchen Tagen sind sie nur ein blasser Hauch, der vorüberzieht und an anderen Tagen nehmen sie seine Gestalt an und ich sehe ihn wieder vor mir.

Ich sehe ihn, spüre ihn, fühle, empfinde und erinnere mich an einen Menschen, der immer noch fehlt.

Die Tage als solche werden leichter. Du gehst inzwischen einfacher durch dein Leben. Viele Wochen sind inzwischen gut und erholsam, kraftspendend für solche Tage, die es nicht sind.

Du sammelst Kraft, saugst sie auf wie ein Schwamm, weil du weißt, eines Tages kommt der Moment, wo das Blatt sich wendet.

Die Karten werden neu gemischt und wer weiß schon wie lange diesmal die Phase des Trauerns anhalten wird? Niemand.

In den warmen Monaten ab Frühjahr bis weit in den Herbst hinein geht es mir meistens gut. Es sind nur vereinzelte Tage, in denen mich die Abwesenheit meines kleinen Bruders hinunterzieht. Es ist jene Zeitspanne zum Lufthohlen, zum Aufatmen, zum Kräftesammeln, zum Stark werden. So langsam nimmt es Routine an.

Ab Anfang Oktober geht es los. Es fängt an mit intensiveren Gedanken an meinen kleinen Bruder. Mit Erinnerungen, die plötzlich wach werden.

Natürlich denke ich das gesamte Jahr immer wieder an ihn, nur bin ich dabei weniger traurig.

Ab Oktober ändern sich die Gefühle Stück für

Stück. Sie werden trauriger, emotionaler und ich nehme sie bewusster wahr. Ich merke, wie ich innerlich unruhiger werde. Sein Tag kommt.

--.--.--

Genau heute sind es sechs Jahre, die ich ohne meinen kleinen Bruder durch die Welt gehe. Heute ist der Tag, an dem ich für meinen kleinen Bruder eine Kerze anzünde, die den ganzen Tag für ihn leuchten wird.

Er soll wissen, dass ich nach all der Zeit noch immer an ihn denke.

Am Todestag nehme ich mir die Zeit, um zurückzukehren in meiner Trauer. Ich erlaube mir seinen Verlust erneut zu empfinden. Es gibt mir sehr viel Ruhe mich in die alten Gefühle hineinzudenken. Dadurch werde ich daran erinnert, wie schmerzvoll es am Anfang war und welche Entwicklung ich seit dem Tag durchlaufen habe.

Mit Stolz kann ich sagen, dass ich wieder im Leben stehe. Mit der neuen Tradition, mit dem einen Tag im Jahr, der meinem kleinen Bruder und mir allein gehört, habe ich einen Moment geschaffen, der mich zu gleich schwach werden lässt und für eine bessere Zukunft an Kraft schenkt.

Am heutigen Tag frage ich ihn, wie es ihm geht, ob er da ist und hoffe, dass er mich hört.

Leise Klavier und Violinen Klänge begleiten mich durch den Tag und ab und zu genieße ich einfach die Stille, wartend ob irgendwann eine kleine Antwort kommt.

Manchmal fühlt es sich so an als würde er mir Antworten.

In meiner Vorstellung sitzen wir gemeinsam auf einer Bank. Stumm und still nebeneinander.

Anscheinend brauchen wir uns nichts mehr sagen, weil alles gesagt ist.

Nach so langer Zeit, nach so vielen Jahren, nachdem so viele Tränen meine Wangen hinuntergelaufen sind, habe ich keine Fragen mehr und suche ich keine Antworten mehr, auf die große Frage nach dem „Warum". Er brauch mir also nicht mehr antworten und wir können uns in meinem inneren auf Augenhöhe gegenüberstehen, still und schweigend nebeneinandersitzen, weil ich für mich meinen Frieden mit ihm geschlossen habe.

Am Anfang war es ein anderes Bild. Es gab keine Ruhe und wurde durch meine Wut stark geprägt. Ich wollte ihn anschreien und ihm Vorwürfe machen. Ihm sagen, dass er mich im Stich gelassen hat. Damals war ich wütend und enttäuscht von ihm.

Mit der Zeit wich der Wut, die Traurigkeit. Traurigkeit darüber, dass er nie sehen wird, wie schön ein Leben, sein Leben hätte sein können. Bis heute glaube ich, dass wenn er stärker gewesen wäre, er eine ganz andere und schöner Welt hätte, kennen lernen können.

Auch die Enttäuschung wich irgendwann einem anderen Gefühl. Dafür habe ich kein Wort und am besten beschreibt es Ruhe, denn ich bin traurig und ruhig. Der tobende Sturm vom Anfang hat sich gelegt und innerlich beruhigt. Inzwischen ist es ein laues Lüftchen, welches ab und zu kurz aufweht. Mit einem lauen Lüftchen kann ich gut durchs Leben gehen, kann meinen Bruder in meinen Gedanken und in meinem Herzen begegnen, ohne ihn zu verurteilen.

Das Wiedersehen wird dadurch still. Eine gute Stille, die dennoch zu uns spricht. Es zeigt mir, dass es ihm wohl mit seiner Entscheidung jetzt einfach besser geht und falls er wirklich ab und an über mich wacht, kann er sehen, dass es mir, obwohl ich ihn immer noch genauso vermisse, trotzdem gut geht.

Heute zünde ich für dich eine Kerze an.
Heute sind alle meine Gedanken ganz bei dir.
Mein Herz bekommt einen Tag Ruhe.
Meine Seele ein Wiedersehen mit dir.
Heute liebe ich für zwei Herzen.
Heute lebe ich mit dir.

Eine Tradition kann geschaffen werden, denn irgendwo hat sie ihren Anfang. Habt keine Angst davor neue Traditionen zu beginnen ohne euren Bruder oder Schwester. Sie bleiben am Ende ein Teil von uns, den wir mit durch das Leben nehmen. Ein ganzes Leben haben wir gemeinsam gelebt und unser Leben leben wir mit euch, unseren verstorbenen Geschwistern. Es ist die Antwort auf das Vielleicht, denn ein Vielleicht, bedeutet immer eine Chance

Neue Traditionen können uns stark machen, eben weil sie neu sind. Wer zu sehr am Alten und Vergangenen festhält, wir den Schritt in eine Zukunft kaum meistern können. Damit möchte ich niemanden vor den Kopf stoßen, doch wenn ihr in euch hinein hört und ehrlich fragt:

Warum komme ich nicht weiter, warum lasse ich nicht los? Wenn ihr jetzt darauf ehrlich antwortet: Warum haltet ihr an etwas vergangenem fest?

Wieder kann ich nur sagen, die Zukunft bringt nicht zurück, was wir verloren haben. Der Tod ist nicht besiegbar und wenn wir an etwas Unmöglichem festhalten und auf ewig verharren können wir niemals weiter gehen.

Du und Ich, wir leben. Wir leben, weil wir weiter gehen sollten. Unser Bruder oder Unsere Schwester hätten nie gewollt, dass wir stehen bleiben und unser Leben aufgeben, weil sie eine Entscheidung getroffen haben, denn es war ihre Entscheidung.

Der Weg wird schwer und ist auch immer wieder schwer, aber wir nehmen sie im Herzen mit und zeigen ihnen eine Welt, für die es sich lohnt, glücklich weiterzugehen.

Nur wir allein bestimmen darüber, wie wir die Welt sehen und ich möchte die Welt zu einem besseren Ort machen, wo Kinder und Jugendlich sich nicht umbringen.

Dafür muss ich aber leben, dafür muss ich kämpfen und genau dafür gebe ich meine Werte weiter. Damit mein kleiner Bruder und kein anderes Kind sich umsonst das Leben genommen hat.

Ich erzähle es dir morgen

Immer wenn mir etwas dummes in meinem Leben passiert, muss ich lachen und denke an ihn. Ich denke daran, wie er neben mir steht und mich auslachen würde.

Dazu solltet ihr wissen, dass ich sehr tollpatschig bin und in den unmöglichsten Situationen es schaffe mich zu blamieren. Zu seinen Lebzeiten, war mein kleiner Bruder meistens dabei.

Für mich ist es etwas Positives, dass ich in Situationen, in denen ich lache, an ihn denke. Dadurch bekommt seine Abwesenheit etwas Gutes und weniger Trauriges. Durch Gedanken wie: „Jetzt hast du mir aber ein Bein gestellt" Kann ich ihn teilhaben haben lassen, an den witzigen und lustigen Momenten.

Seitdem mein kleiner Bruder gestorben ist und

ich mit meiner Trauer ziemlich weit gekommen bin, habe ich viele neue Dinge erlebt. Neben dem Ritual des einen Tages, der ihm und mir gehört, erzähle ich ihm gerne von allem, was ich so erlebe. Damit möchte ich eine Verbindung aufrechterhalten und mir immer wieder bewusst machen, dass ich mein Leben für zwei lebe und ich mich bewusst dafür entschieden habe.

Obwohl ich mir meinen kleinen Bruder immer wieder vorstelle, verblast sein Gesicht allmählich. Die Konturen und Gesichtszüge sind nicht mehr so klar zu erkennen. Seine Stimme klingt mehr nach meiner und sein Geruch ist schon lange fort.

Zu Beginn machte mir diese Wandlung Angst. Heute erzähle ich dem Bild, was ich von ihm habe trotzdem gerne von meinem Tag.

Ich denke gerade, weil er verblasst und immer mehr von mir bekommt, was mich ausmacht, wird er von dem Bruder, den ich verloren habe und den ich vermisse zu dem Bruder, mit dem ich in Gedanken rede. Ein Idealbild dessen, wer er hätte werden können oder viel mehr des Mannes, den ich mir wünschte, der er sein würde.

Zu so einem jungen Mann wäre er nie

herangewachsen, wenn ehrlich antworten und meine Vorstellung von ihm bewerten müsste.

Diese Verfälschung seines Seins ist natürlich. Unser Kopf wird sich nicht auf ewig erinnern können und es gut, dass das „Ich" meines kleinen Bruders verblasst und das Bild, welches bleibt eine Verfälschung und ein Ideal meiner Vorstellungskraft wird. Wäre dies nicht so, so bleibt er das Kind, welches er war, als er starb und ich werde älter. Dadurch würde eine Distanz entstehen, die ich irgendwann nicht verkraften könnte. Dann wäre mein kleiner Bruder immer noch 18 und ich 35.

Natürlich bleibt ein gewisser Teil immer der 18-jährige Junge, der damals gestorben ist, gerade am Todestag ist dies der Fall. Dort kehre ich zurück zu dem kleinen Bruder, der noch ein Kind ist. Für meinen Alltag brauche ich jedoch den verblasten Mann aus meiner Vorstellung, der mit mir älter wird, denn mit ihm kann ich reden und von meinem Leben erzählen. Diese verblaste und verfälschte Vorstellung passt zu mir und meinen Weg, den ich aktuell gehe.

Ich kann nicht runtergezogen werden, denn ich

habe meine Trauer so angepasst, dass sie mich positiv begleiten kann. Solange ich meinen kleinen Bruder nicht rufe und mit ihm reden möchte, wird er mich auch nicht besuchen.

Früher wurde ich regelmäßig überwältigt von ihm in meinen Gedanken und Emotionen. Er hatte das Ruder in der Hand und dadurch konnte ich nicht frei leben, weil ich es zu ließ, dass die Trauer mich bestimmt und nicht ich meine Trauer.

Mein Leben mit Dir

Ein Leben lang waren wir Geschwister. Wir lachten und stritten miteinander. Wir lebten miteinander. Unsere Kindheit erlebten wir gemeinsam.

Wenn ich irgendwo beginnen sollte zu erzählen, wüsste ich nicht wo.

Im März 1996 erblickte mein kleiner Bruder das Licht der Welt. An diese Zeit erinnere ich mich kaum, immerhin war ich selbst gerade mal knappe zwei Jahre alt.

Dinge wie, wir fahren mit dem Trecker gegen das Tiefgaragentor sind hängen geblieben durch Erzählungen von Erwachsenen und nein nicht ich bin da runter gedüst. Ich bevorzugte eher die Kellertreppe meiner Oma mit einem Bobbycar zu meistern.

Blicke ich heute zurück standen mein kleiner Bruder und ich uns in mancherlei Sachen in Nichts nach. Wir beide entwickelten in jungen Jahren eine Vorliebe für Krabbelviecher. Wir fingen gerne Marienkäfer und Schmetterlinge kamen im späteren Alter auch hinzu. Davor waren Schneckenrennen sehr begehrt.

Wo ich meinte einen Regenwurm zu probieren, bevorzugte mein kleiner Bruder doch etwas Bissfesteres wie eine Schnecke mit Haus. Wir haben bestimmt einen göttlichen Anblick jeweils geboten. Das Gesicht vor Ekel verzehrt. Immerhin hätte man mir sagen können, dass es sich bei dem Regenwurm nicht um eine Salzstange gehandelt hat, die ich mir in den Mund schob.

Ganz genau bekomm ich nicht geordnet welche Dinge in Norwegen und welche in Deutschland waren, wenn ich mir jedoch in einem sicher bin, wir haben in unserer Kindheit viel Zeit zusammen verbracht und auch viel Mist veranstaltet.

Im Sommer haben wir so lange mit der Lupe Ameisen angekokelt, bis es einen auf den Hintern gab. Ja und ich höre schon die ganzen Tierfreunde: „Das ist Tierquälerei!" Doch ich bin mir sicher, dass viele jetzt schmunzeln dasitzen und sich denken: „Oooooh war das lustig, sowas haben wir auch gemacht."

Mein kleiner Bruder wollte unbedingt auch ein Ohrloch, nachdem ich meine bekommen hatte. So sieht wahre Liebe aus. Ich neigte dazu meine Ohrringe gerne zu verschludern und oft immer nur einen davon wieder zu finden. Die einzelnen Ohrringe, die nicht zu mädchenhaft waren, trug er dann immer. „Ich bin doch kein Mädchen"

Ich habe den Beweis, dass mein kleiner Bruder für mich sogar pinke Hüte tragen würde, um mit mir zusammen Familie zu spielen. Heute finde ich das niedlich.

Wir haben gemeinsam Buden im Wald gebaut, aus Stöckern, Brettern und allem, was wir finden konnten. Wir haben es uns sogar richtig gemütlich eingerichtet. Mit einem Dach aus Moos und einem Bett aus Tannennadeln. Wie oft lagen wir einfach nur in unseren Buden und haben erzählt.

Das ist eine schöne Erinnerung und irgendwann hat er immer begonnen mich zu kitzeln.

Wir sind gemeinsam Bergwände hochgeklettert, obwohl wir wussten, dass wenn unsere Eltern, dass mitbekommen, es mehr als nur auf den Po gibt. Auch Baumkronen waren nie vor uns sicher. Ich weiß noch, wie wir darum stritten, wer auf die große Kastanie vor dem Haus in Norwegen klettern darf. Am Ende gewann übrigens immer unser Kater Tommy.

Die glaube ich, dümmste und gefährlichste Idee, die wir jemals hatten, war mit den Fahrrädern in Norwegen den Rodelberg hinabzusausen. Anschließend sah ich nämlich aus, als hätte ich eine Rennbahn geknutscht. Ihm ist das Bremsen unten im Kies deutlich leichter gefallen.

Bis heute frage ich mich, wo eigentlich das Stückdaumen gelandet ist und in welchem Katzen- oder Vogeldarm es verdaut wurde. Hätten wir auf unsere Eltern gehört und nicht mit den Cuttermessern geschnitzt und vor allem vom Körper weg, dann wäre sein Daumen zumindest vollfunktionsfähig geblieben. Ich glaube unsere Mutter war am meisten geschockt, immerhin dachten wir mit einem Pflaster wird das schon wieder.

Ob Gartenschuhe schwimmen können, war eine Frage, die wir anderweitig beantworten hätten sollen. Immerhin bedeutet fließendes Wasser, dass der Schuh mitgenommen wird. Ist schon ziemlich doof gelaufen, dass der Bach unter einem Weg verschwunden ist und wir den Ausgang des Tunnels einfach nicht gefunden haben.

Aus zwei Einrädern kann man ein ganzes Fahrrad machen. Eigentlich haben wir alles gemeinsam gelernt. Ob es Einradfahren, Schlittschuhlaufen, Inlineskating und Fahrrad fahren war, uns gab es im Doppelpack.

Ich finde es erstaunlich, wie viel wir doch an Zeit zusammen hatten. Was wir gemeinsam alles erlebt haben. Einen Segelschein, gemeinsames Angeln, nachdem du endlich deinen Angelschein gemacht hattest. Zusammen auf Drückjagden als Treiber durch den Wald. Beim Holzmachen die kleinen Wettrennen wer mehr Holz tragen könnte.

An die schönen Momente möchte ich mich erinnern, nur die Schönen. Die Tage, wo wir stritten, sind seit seinem Tod egal geworden, nicht mehr wichtig.

Am Ende haben wir uns geliebt, wie nur Geschwister sich liebten.

Danke für eine erfüllte und abenteuerlustige

Kindheit und Jugend. Danke, dass du mit mir durch dick und dünn gegangen bist. Danke, dass du der Bruder an meiner Seite warst.

Wenn Liebe Leben nimmt, wir jedoch leben, um zu lieben, warum hat Liebe sein Leben nicht beschützt. Was ist es, was einen Menschen dazu bewegt sein Leben zu beenden, wenn sein Leben an sich noch gar nicht begonnen hat. Wie viel Leid und Schmerz muss ein solcher Mensch durchlebt haben, dass es in seinen Augen keinen anderen Ausweg gibt. Es gibt Fragen, auf die es nie eine Antwort geben kann, denn jene Person, die diese beantworten könnte, weilt nicht mehr unter uns.

Kehren wir zurück Es wird der Tag kommen, an dem wir alle gemeinsam die letzte Seite aufschlagen und dann haben wir begriffen. Egal wie wir es drehen oder wenden, es geht einzig und allein darum unserer Seele begreifbar zu machen, was so unwirklich erscheint:

Die Tatsache, dass ein Kind sich das Leben nimmt!

Nachtrag

Es hat eine Weile gedauert, bis mir bewusstwurde, was Vera F. Birkenbihl und Blaise Pascal uns damit sagen wollen:

„Nicht was wir erleben, sondern wie wir etwas erleben, bestimmt den Wert des Erlebten."

Egal wie sehr ich es versuche meine Eltern oder meine Brüder zu verstehen und egal wie sehr sie versuchen würden mich zu verstehen, wir könnten uns nie so verstehen, wie nur wir selbst uns verstehen können.

Dieselbe Welt erlebten wir, dasselbe Leben begleiteten wir, aber jeder von uns blickte durch seine Augen. Wir betrachten ein und dasselbe Bild und jeder sieht etwas anderes.

Die Augen unserer Eltern, dass was sie über die Jahre, die wir bei ihnen aufwuchsen sahen, glich sich nicht mit dem, was wir sahen.

Die Welt, die mein kleiner Bruder sah, hat keiner von uns so gesehen wie er.

Wir bleiben am Ende blind füreinander, für die Werte des anderen und das Leben des anderen und..

.. es ist okay.

Danksagung

Ich bedanke mich bei einem guten Freund, der mir half, den Schritt in eine unbekannte Zukunft zu gehen.

Den Mut zu fassen, das Schlechte hinter mir zu lassen, Menschen hinter mir zu lassen, den ich vergebens versucht habe zu gefallen.

Danke, dass du da warst und mir durch dich nicht dasselbe Schicksal ereilte, wie meinem kleinen Bruder.

Dank gilt auch den Eltern, die mich angenommen haben wie ihr eigenes Kind. Die mich aufgefangen haben, als ich fiel.

Danke, dass ihr zwei mich durch meine Trauer begleitet habt und immer an mich und meine Träume geglaubt habt.

Dem Leben möchte ich danken, denn dadurch habe ich die Möglichkeit, etwas zu verändern, meine Geschichte zu teilen und jemand anderen vielleicht zu helfen.

Ich wünsche mir, dass ihr glücklich seid auf eurem Weg und das wir uns auf meinem Weg immer wieder begegnen können.

Die Ferne entsteht nur, wenn wir sie zu lassen.
Ich denke an euch jeden Tag, weil ich euch so viel
verdanke.

Drum seid ihr bei mir in meinem Leben.